肖骁 著

成长比成绩
更重要

山西出版传媒集团 山西教育出版社

图书在版编目（ＣＩＰ）数据

成长比成绩更重要/肖骁编著. —太原：山西教育出版社，2013．5

（成长快乐丛书）

ISBN　978－7－5440－5938－1

Ⅰ．①成… Ⅱ．①肖… Ⅲ．①家庭教育 Ⅳ．①G78

中国版本图书馆 CIP 数据核字（2013）第 077787 号

成长比成绩更重要

CHENGZHANG BI CHENGJI GENG CHONGYAO

责任编辑	潘　峰
复　审	郭志强
终　审	张沛泓
装帧设计	薛　菲
助理设计	陈　晓
印装监制	贾永胜

出版发行　山西出版传媒集团·山西教育出版社
（太原市水西门街馒头巷 7 号　电话：0351－4035711　邮编：030002）

印　装	晋中市万嘉兴印刷有限公司
开　本	787×960　1/16
印　张	15.25
字　数	221 千字
版　次	2013 年 5 月第 1 版　2013 年 5 月山西第 1 次印刷
印　数	1—10000 册
书　号	ISBN　978－7－5440－5938－1
定　价	29.80 元

如发现印装质量问题，影响阅读，请与印刷厂联系调换。电话：0354－3282148

目录

第一章　成绩不代表成长

优等生？差生？偏见！　3

成绩只是一个脚印　6

每一个孩子都是好孩子　10

中等生也有春天　13

输在起跑线上的哈佛男孩　17

成绩好的孩子需要注意什么　20

成长应该是快乐的　24

第二章　学会学习奠定一生

世界500强企业不约而同的要求　29

学习能力是一张通行证　33

如何培养学习兴趣　36

怎样树立明确的学习目标　39

把学习变成一种习惯　42

保持一颗好奇心　45

语文那点事　48

数学可以如此简单　51

学好英语并不难　54

向生活致敬，师法自然　58

第三章

好品质铸就好未来

责任心通吃一切　63

诚信是成大事的基础　66

真诚热忱让你左右逢源　69

懂礼貌是必不可少的素养　72

尊重他人是成就卓越的必备品质　75

学会倾听，懂得欣赏　79

善良如金，是最宝贵的财富　83

第四章

性格是看不见的力量

开朗让人生天天天蓝　89

让狭隘走开，让宽容进来　92

豁达才能成大器　95

独立是一种魅力　98

培养人见人爱的亲和力　101

打造智慧风趣的幽默力　104

第五章 习惯决定你的胜利

悲剧，从陋习开始　109

细心谨慎，细节决定成败　113

善于观察，勤于思考　117

珍惜时间，比别人先一步到达成功　121

干净整洁，提高形象力　125

运动让你闪耀光芒　129

追捧环保节约，鄙视铺张浪费　132

远离这 8 种致命的坏习惯　136

第六章 心灵强大者赢天下

心灵的强大力量　143

成功源自内在的驱动力　146

坦然面对挫折，勇于挑战困难　150

从容淡定，宠辱不惊　153

千里之行，始于宁静　157

学会调节情绪，人生不失控　160

合理释放压力，轻松上阵　163

锻炼强韧的心理　166

第七章 成功是做最好的自己

做最好的自己是最大的成功　171

自信快乐最美　174

有个性才叫炫　178

有智慧的人，一直都在了解自己　181

走自己的路，让别人说去吧　185

让梦想开花　189

人生需要这9大能力　192

第八章 拥抱生命的正能量

幸福才是一辈子的事，历练感受幸福的能力　199

珍藏心灵的阳光　202

经历是一种财富　205

e时代，学会过滤垃圾信息　208

当幸福来敲门　212

汲取正能量　215

第九章 爱和感恩温暖一生

有爱才有美好时光　221

初恋这件小事　224

懂得感恩，温暖一生　228

有爱不觉天涯远　231

仁爱是人性的光辉　234

锻炼爱和被爱的能力　237

第一章
成绩不代表成长

优等生？差生？偏见！

如果有人在教室的讲台上说："认为划分'优等生'和'差生'是一种偏见的请举手。"你是举手还是不举手呢？不用环顾四周，请干脆地举起你的手吧！你心里肯定早就希望有人这样说了吧？

巴不得群情激奋才好呢，是不是？是的。有一项匿名调查显示：在校的初高中学生中，96% 的学生反对优等生和差生的划分，包括很多所谓的"优等生"，也觉得这种划分没有意义。听听同学们怎么说：和学习不好的同学交往，没有家长想的那么糟，不仅能从他们身上学到许多优点，还可以帮助他们提高成绩；学习不好的同学在其他方面很棒，比如画画、体育等，课余时间，可以从他们那里学到课本上没有的知识。

"优等生"和"差生"的划分实在是一种偏见，一种早就该杜绝的偏见。

为什么还有一些人，特别是某些家长和老师对此执迷不悟呢？因为传统的观念还占据着他们的头脑，落后于时代的"标准"还左右着他们的行为。大家没有看见，我们的社会和媒体对这些人已经很不满意了吗？当西安市"红领巾、绿领巾"事件发生后，立刻就闹得沸沸扬扬，学校受到指责，校长受到批评；当南昌市"差生在教室外面考试"一事见报后，那些教师瞬间成为众矢之的。我们有

理由相信，持落后观念的人会越来越少，"优等生"和"差生"的划分终将消失。因为社会在高速发展，那些偏见已经跟不上时代潮流了。

很喜欢这样一个故事，每一次读都会很感动：

他们是一个班的同学，但从来没有说过话。她学习很好，是老师喜欢的尖子生；他学习很差，成绩总是倒数。虽然有一次他帮助了她，两个人也没有什么交流。

那一天，一直记在她的脑海里，也一直埋在他的记忆里。一天放学后，他们都在学校旁边的小书店买东西，她看中了一个笔记本，但口袋里的钱不够，跟老板砍价，老板没答应。她反复抚摸着那个本子，舍不得放下，老板怕本子被弄脏，说了她两句，她的脸一瞬间变红了。此时，他正在旁边挑选课外书，清清楚楚看到这一幕，于是他走过去对她说："我先借给你钱，你明天还我就行了。"就这样，他化解了她的尴尬。第二天，她把钱还给他，说了声谢谢，他说不客气。之后俩人再没有说过话，有几次她见到他都想打招呼，但他却像没看见她一样，低头过去了。

就这样一年过去了，她和他再没有任何交流。高考结束后，她如愿以偿地考上了理想的大学。她很想知道他考得怎么样，如何能够和他保持联系，但连他的人影都没见到。她也不好意思去向别人打听。就这样，直到大学毕业后她都没有他的任何消息。

找工作时，她去一家企业面试，当她推开人事经理的门后，惊呆了：这不是他吗？他也一愣，随即笑了起来："呵呵，真巧啊！"是啊，真巧啊，俩人竟然在这种情况下见面了。他的成功她并不在意，她只是问他："为什么以前都不理我啊？"他笑着说："因为你是优等生啊！"她心里一下子五味杂陈，很感慨地说了一声："你也是啊！"

我们的周围，是不是也有很多这样的故事，既忧伤又温暖，直到多年之后，才明白彼此都很优秀，只是在学校时因成绩差异被贴上不同的标签。

作为新时代的青少年，我们要拒绝这种标签，要理智地看待成绩，辩证地对待同学。我们要认识到：没有绝对的差生和绝对的优等生，即使那个人再差，他身上也有值得别人学习的地方。有的同学数学成绩好，有的同学作文写得棒，有的同学会跳舞，有的同学会弹琴，还有的同学具有超越常人的特殊能力，不一而足，每一个个体都是特殊的，是有价值的。

就连国家教育部都严格规定：坚决反对以任何方式对未成年学生进行好与差的区分。学校是教书育人的地方，是为孩子提供知识，帮助孩子成长，培养健全人格的地方，不是"好学生鉴定办事处"。学习知识、健康成长的孩子，没有优差之分。

就是那些成功的名人，也不是个个都是优等生，远的如爱迪生、爱因斯坦、牛顿这样的科学家我们就不说了，就说很熟悉的一些成功人士，我们都能看到，他们的成绩也不能称为"优等生"——

中国电子商务的开拓者、阿里巴巴网站创始人兼CEO马云，不仅没有上过名牌大学，就连小学、中学都是三四流。初中考高中考了两次，数学31分；高中考大学考了三次，其中，第一次高考数学只有1分，第二次21分。

中央电视台著名主持人王小丫，中学时代学习特别偏科，语文成绩不错，但数学从初三开始就没及格过。第一年高考数学只得了20分，差一点就拿"鸭蛋"了。

著名物理学家、"宇宙之王"霍金，小时候的学习能力似乎并不强，他很晚才学会阅读，上学后在班级里的成绩从来没有进过前10名，而且因为作业总是"很不整洁"，老师觉得他"无可救药"。

有点不可思议是吗？但这些都是真的。他们是曾经的"差生"，但现在他们都非常优秀。

▦▦▦▦ 成长睿语 ▦▦▦▦

不因为是"差生"而灰心丧气，也不因为是"优等生"而骄傲自大，平等地对待每一位同学，你将会收获更为绚烂的未来。高山收容每一块岩石，不论其大小，故高山雄伟壮观；大海收容每一朵浪花，不论其清浊，故大海浩瀚无边。告诉自己，也告诉父母、老师，我是独一无二的。

成绩只是一个脚印

只要是在学校里，相信很多人都会为考试发愁、跟成绩纠缠不清，因为考试成绩决定了我们在班级里的位置、在老师同学眼中的印象、在父母心里的成功与否、在亲朋好友那里有无面子，甚至影响着一些人的自尊心。成绩像头顶的天空，决定着我们心情的阴晴变幻，它的重要不言而喻。可是，想一想，成绩好的人有几个？学习棒的人占多少？又有几个人对自己的成绩一直满意呢？

其实，大多数人都没有那么幸运，成绩不好、不满意常常苦恼着大部分人。

面对这样的状况，我们没必要为成绩过分担心和烦恼。成绩，没有你想象的那么重要，也没有你想象的那样严重。它只是你近来学习成果的一个反映，说明你这段时间对知识的掌握情况，其他没有任何意义。

不管是大考、小考，还是中考、高考，我们都不能对成绩太过于计较、想不开。

姚明在一次访谈里说："成绩不能代表什么。"他说得很对，成绩真的不能代表什么，它既不能代表姚明在大家心目中的形象，也不能代表他的成功和他做出的贡献。考试只是种形式，检验的只是学习情况，考试成绩并不能作为其他的衡量标准。笔者作为过来人，对这点也感同身受！

如果姚明太过耀眼，跟我们的距离太遥远，那不妨看一个普通点的例子：

　　整个中学阶段，孙宇晨从来没有被老师和同学们称为"好学生"。初中时，他像很多男孩儿一样痴迷于网游，用他自己的话说："三年初中生活的记忆，大多与网游有关。"为了玩网游，他常常装病回家休息，甚至晚上趁爸爸熟睡后溜去网吧，早晨再趁爸爸睡醒之前赶回家，"顽劣"到让老师和家长都头疼不已的地步。中考时，他勉强考入一所普通高中。

　　升入高中后，孙宇晨并没有减少"玩耍"的时间，虽然对网游的热情骤减，可是却迷上了小说。不管是课上还是课下，他疯狂阅读各类小说，尤其是王小波的作品。在王小波《时代三部曲》的"引诱"下，他整日沉浸于文学的世界中不可自拔。

　　除了班主任的英语课不方便逃课外，其他大部分时间孙宇晨都在图书馆看小说。可想而知，在这样的情况下，怎么可能会有好成绩。他几乎门门功课"大红灯笼高高挂"，全班48个人，他的成绩"稳居倒数前十名"。

　　因为数学、物理成绩常常是二三十分，高二的时候他不得不从理科生转为文科生。因为除了数学不懂以外，文科的考试基本都可以写一点，所以孙宇晨的成绩有所提高，但直到高二上学期结束时，他仍然排在全年级100名开外。

　　随着读书的增多，孙宇晨的思想也在发生着变化。他不再像高一时那样不带任何功利性地"为了看书而看书"，而是开始渴望得到别人的承认。他坚信自己有着过人的才能，而身边的很多同学却"不知道这世界上除了做题还有何物"。于是，孙宇晨开始为自己寻找考试以外的出路，他参加了《萌芽》杂志社举办的新概念作文大赛。他觉得自己应该获奖，获奖之后就有参加大学自主招生的资格。然而很遗憾，在第八届新概念作文大赛中，他落选了，连去上海参加复赛的资格都没有，何谈其他？这件事对他的打击很大，比他可怜的考试成绩更让他沮丧。

出路在哪儿？他不得不再作深刻的思考、更大的努力。在第九届新概念作文大赛中，孙宇晨成功地获得了一等奖。因为这个奖项，他获得了参加北大自主招生考试的资格，可在高考时低于录取控制分数线20分被录取。

然而，他的成绩还差得很远。为了自己的梦想，他给自己制定下学习目标，决定在高三这一年好好冲刺。对梦想的追求和努力，让他忘我地投入到学习中。一年后，他成功考入了北京大学。

在他那篇引来近万封回信的《一道论证题》的结尾，孙宇晨这样写道："我相信自己的才华从来没有被应试教育的河水冲刷殆尽，而使我真正成功地挑战了应试教育。最后，我仅仅有两点希望：一是希望有理想的人不要向现实低头；二是希望大家一起帮我做这道题，我希望它在你们每个人身上都成立。"

"有理想的人不要向现实低头"，说得多好啊！如果你有自己的理想和追求，就不要太在乎一次两次的考试成绩，朝着理想前进，终究会成功。

作为一名学生，有好的成绩当然好，没有好的成绩也不必气馁。每一个人，自身因素的差异都很大，加之后天努力与开发的不同，学习成绩必定会存在一定的差别，甚至是相当大的差距，这是不足为奇的，也是司空见惯的。你的分数高，只能证明你是个成绩好的学生，难道上学的目的就是为了这个吗？显然不是！我们上学的主要目的，是为了将来在社会上有立足之地，能够实现自我，能让生活更美好。

成绩好也不代表每个方面都好，实现梦想、立足社会需要很多的能力和因素，学习需要的是智商，工作需要的是情商，赚大钱需要的是财商，这些都很重要。我们只有具备各种各样的能力，才能成才，才能在社会上有立足之地。

在每一个人的成长道路上，成绩仅仅是一个脚印，是前一段的一个标点，不足挂齿。人生成功的道路很漫长，我们需要脚踏实地一步一步向前走。

如果父母因为成绩的原因对你太苛刻，你不妨把美国教育家斯宾塞的名言告诉他："身为父母，千万不能太看重孩子的考试分数，而应该注重孩子思维能力、学习方法的培养，尽量留住孩子最宝贵的兴趣与好奇心。绝对不能用考试分数去判断一个孩子的优劣，更不能让孩子有以此为荣辱的意识。"

成长睿语

大家一定要相信，成绩不是大山，压不垮我们的理想和信念，成才与否，日后见分晓。北京理工大学文学院教授、著名学者杨东平先生曾说：走上社会后，真正产生影响的并不是你中小学的考试成绩，而是你的综合素质和能力。你知道怎么做了吗？

每一个孩子都是好孩子

我们常常会从家长、老师或者邻居大婶那里听到诸如这样的话："某某家的孩子是个坏孩子，你不要跟他玩"，"某某不学好，你少搭理他"，"那个家伙是个小坏蛋，我都不让孩子跟他来往"等等，好像到处都是坏孩子，好像我们一旦接触了"坏孩子"就是掉进了深渊。胆小点的孩子大概会说："听起来好吓人呢！"呵呵，真的是这样吗？

一位培养出三位英美博士的中国妈妈却这样说："我的每一个孩子都是好孩子。他们各不相同，谁有什么优点、缺点我都清楚，但我尊重孩子间的差异，不比较他们的缺点，我把教育的视角集中在他们的个性、特长和兴趣上，不用别人家孩子的长处比自家孩子的短处，也不用自己小时候的长处来比孩子的短处。在他们考入普通高中和普通大学的时候，我也相信他们都很优秀。"

无独有偶，一位同样培养出三位博士的韩国妈妈也这样说："我的三个孩子在幼年时期并没有什么与众不同之处，像大多数孩子一样，他们度过了平凡的儿童时代。但是他们的性格却有着天壤之别，爱丽性格活泼，具有领导能力，但缺乏艺术细胞；在熙性格内向，却善于操纵机器，在科学领域很有天分；南丽有出众的艺术感觉，书法和逻辑思维与众不同。"

听了她们的话，你是不是觉得自己的妈妈和大婶们也许是错的呢？其实，她们嘴里所说的"坏孩子"，也许仅仅是学习不好，或者行为习惯不好罢了，如果有人帮助加以纠正的话，他们百分之百能变成"好孩子"。不信吗？

我们来看看一个"坏孩子"的故事：

他是一名14岁的男孩，在深圳某中学读初二，家庭富裕，从小就是爸爸妈妈的宝贝。然而，他却厌学、打架、不守纪律、顶撞老师、玩手机上瘾，成绩当然也是一塌糊涂，叛逆得让父母和老师束手无策，简直是一个标准的"坏孩子"。爸爸在百般无奈中，以一部iphone4S为"诱惑"鼓励他参加一档电视节目，希望他能在节目的启发和教育下改变自己。

节目组把他送到一个山村里，要求他在当地一个吴姓家庭里生活一周。第一天，他就品尝到了"厉害"：上学要走5个小时的山路，学校的午餐是洋瓜拌饭，这简直让他招架不住。接下来，如果他想做个合格的"吴家长子"，还要给猪圈消毒、帮妈妈做饭、帮爸爸上山采松脂、帮老师喂猪……要忍受老鼠乱窜、刷厕所、不能刷牙洗澡、只吃洋瓜等等，对他来说这简直是非人的待遇。可是并没有人来解救他。这位城市里的公子哥，在乡村里一无是处，连小伙伴都有点嫌弃他，可是他只能忍受、慢慢去适应，为了得到更多人的喜欢，他改掉了很多的坏习惯、坏毛病。在这里，他为从小就没见过爸爸的小黑难过，帮辛苦的吴爸爸夜晚去山上，尝试做班级里的班主任……他慢慢发现，跟山村里的这些朋友相比，自己以前是多么的任性、多么的不懂事。山村的生活让他感受爱和阳光的能力逐渐转强。

在他和节目组的努力下，帮助小黑找到了6年没见过面的爸爸，在小黑和爸爸抱头痛哭的时候，他禁不住也流下了眼泪，他为他们感动，也被自己所感动，他发现，自己完全变成了另外一个样子。

　　一周的体验结束后，回到家的他让爸爸妈妈吃惊，他没再提那部iphone4S，而是知道了体贴爸妈，也知道学习了。两个月后，节目组回访时，爸爸妈妈夸他变得越来越乖巧，越来越懂事了。

　　这个14岁的男孩叫易虎臣，这档节目叫《变形记》。

　　所谓的"坏孩子"，只是还没有变形过来，他们还缺乏足够的爱和关怀。

　　每一个孩子都是一朵花，不会因花朵的大小、颜色不同而失去芬芳，百花争艳、五彩缤纷才是最温暖、最美好的世界。

　　有一位家长曾问著名教育家、青少年研究专家孙云晓先生："请问孙老师，您如何看待在小学一张'三好学生'奖状也没拿到的孩子?"孙云晓对这位家长说："什么奖状也拿不到的孩子也是好孩子，每一个孩子都是好孩子。"

　　是的，虽然拿不到奖状，也许他热爱劳动，也很受老师和同学欢迎，他跟拿到奖状的同学一样是好孩子。

　　如果你是一位大家眼中的"好孩子"，那继续加油吧；如果你不幸被周围的人说成是"坏孩子"，那就"变形"给他们看看，相信自己，是金子总会发光的。

▨▨▨▨▨ 成长睿语 ▨▨▨▨▨

　　成长的道路是不平坦的，成长的过程中有各种各样的人在关注着我们，我们要相信自己的独特是有意义的，相信我们的天性是美好的，相信被埋没的另一面是会发光的。只有坚信自己是好的，自己能变好，未来才有希望。

中
等
生
也
有
春
天

有一篇在网络上流传很广，名叫《家有中等生》的文章，也许有的人已经读过了，但今天在这儿还是要再推荐一下，一起来读一读。

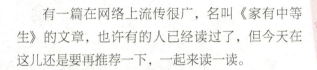

每个人读了这篇文章都很感动，有很多人为此热泪盈眶。限于篇幅，在这儿只摘选一部分：

女儿的同学都管她叫"23号"。她的班里总共有50个人，而每每考试，女儿都排名23。久而久之，便有了这个雅号，她也就成了名副其实的中等生。

我们觉得这外号刺耳，女儿却欣然接受。老公发愁地说："一碰到别人都对自家的'小超人'赞不绝口时，我却只能扮深沉。"

人家的孩子，不仅成绩出类拔萃，而且特长多多。唯有我们家的"23号"，没有一样值得炫耀的地方。

有一次，老公看到一则9岁孩子上大学的报道，他很受伤地问女儿："孩子，你怎么就不是个神童呢？"女儿说："因为你不是神父啊。"老公无言以对，我不禁笑出声来。

中秋节，亲友相聚，众人的话题离不开各家的小儿女。趁着酒兴，要孩子们说说将来想要做什么。

"钢琴家"，"明星"，"政界要人"，孩子们毫不怯场，连那个四岁半的女孩，也会说将来要做电视台的主持人，赢得一阵赞叹。

12岁的女儿，正为身边的小弟弟小妹妹剔蟹剥虾，盛汤揩嘴，忙得不亦乐乎。当众人问她的梦想时，她认真地回答："我的第一志愿是，当幼儿园老师，领着孩子们唱歌跳舞、做游戏。第二志愿，我想做妈妈，穿着印有叮当猫的围裙，在厨房做晚餐，然后，给我的孩子讲故事，领着他在阳台上看星星。"

亲友愕然，面面相觑，不知道该说些什么。老公的神情，极为尴尬。

回家后，他叹着气说："你还真打算让女儿将来当个幼儿园老师？我们难道真的眼睁睁地看着她当中等生！？"

其实，我们为提高她的学习成绩，也动过很多脑筋。请家教，报辅导班，买各种各样的资料。孩子也蛮懂事，漫画书不看了，剪纸班退出了，周末的懒觉放弃了。她像一只疲惫的小鸟，从一个班赶到另一个班，卷子、练习册，一本本地做。但到底是个孩子，身体先扛不住了，得了重感冒。吊着点滴，在病床上，她还坚持写作业，最后引发了肺炎。

看着受尽折磨的孩子，我和老公悄无声息地放弃了轰轰烈烈的揠苗助长活动，恢复了她正常的作息时间，还给她画漫画的权利，允许她继续订阅《儿童幽默》之类的报刊，家中安稳了很久。

期中考试后，我接到了女儿班主任的电话。首先得知，女儿的成绩，仍是中等。不过，他说，有一件奇怪的事想告诉我，他从教30年了，第一次遇见这种事：

语文试卷上有一道附加题：你最欣赏班上的哪位同学，请说出理由。除女儿之外，全班同学竟然都写上了女儿的名字。理由很多：热心助人、守信用、不爱生气、好相处等等，写得最多的是乐观幽默。班主任还说，很多同学建议，由她来担任班长。

他感叹道："你这个女儿，虽说成绩普通，可是做人，实在很优秀！"

我开玩笑地对女儿说："你快要成为英雄了。"正在织围巾的女儿，歪着头想了想，认真地告诉我说："老师曾讲过一句格言：当英雄路过的时候，总要有人坐在路边鼓掌。妈妈，我不想成为英雄，我想成为坐在路边鼓掌的人。"

我猛地一震，默默地打量着她。

……

这世间，有多少人，年少时渴望成为英雄，最终却成了烟火红尘里的平凡人。如果健康，如果快乐，如果没有违背自己的心意，我们的孩子，又何妨做一个善良的普通人。

长大成人后，她一定会成为：贤淑的妻子，温柔的母亲，甚至，热心的同事，和善的邻居。在那些漫长的岁月，她都能安然地过着自己想要的生活。

作为父母，还想为孩子祈求怎样更好的未来呢？

有不少老师和父母看了这篇文章，都感慨不已，这样大度大爱的妈妈，怎么会培养不出优秀的女儿呢？很多孩子看后说，多想把它分享给爸妈啊！也有的孩子流着眼泪说，好想有这样一位妈妈啊，好想做她家的孩子。

这大概也是许多中等生的心声吧？

在我们的学校里、班级里，总有那么一些人，他们默默无闻、备受冷落，他们没有出类拔萃的天分，没有耀眼夺目的成绩，就连犯错误都缺乏勇气，可谓既没有优秀生的光环，也没有后进生的"特点"。他们不受关注，不受重视，得不到老师的青睐，也得不到老师的扶持，他们常常被忽略，生活在"阳光"撒播不到的地方，像山谷里没人问津的野百合。他们，就是中等生。

更有人形容，"这些孩子像一群灰色的小鸟，疲惫地行走在现行教育遗忘的边缘"。真是让人心酸。

然而，这样的孩子又占着大多数，环顾四周，比比皆是。假如在一个班级里按20%为"优等生"、20%为"后进生"来计算，余下的60%都是中等生，那么，在一个50人的班级里，就有30人是中等生；在一个1500人的学校里，就有 900 个中等生；在全国 2 亿多中小学生中，就有高达 1.3 亿的"中等生"。

这么多的中等生，难道都要活得期期艾艾毫无声息吗？当然不是！其实，中等生也有春天。仔细看看，你就会发现：

那些拥有着让人羡慕的才艺的人，大多都是中等生。

那些活跃在各种活动上的人，大多都是中等生。

那些除了学习在许多场合都有出色表现的，大多都是中等生。

甚至那些在后来的职场、商场、生活中都有成就的人，九成以上都是中等生。

十多年前，有一项追踪调查曾经轰动全国：有位老教师通过十年的追踪研究发现，那些日后成为教授、经理的学生，在学校时的成绩并不十分出色；相反的，当年那些成绩突出的好学生，成就却平平。

于是，这位老教师提出一个"第十名现象"：第十名左右的学生，有着难以预想的潜能和创造力，他们能在未来的事业中崭露头角，出人头地。而这里所指的第十名，并非刚刚好是第十名的学生，而是指成绩中等的学生。这个群体的共同特征是：他们受老师和父母的关注不那么多，学习的自主性更强、兴趣更广泛。至于名列前茅的学生因为得到父母、师长过分关注，过分强化学科成绩，反而压抑了潜能和学习自主性。

看到了吗？这就是中等生的未来。如果你也是中等生，就赶紧丢弃那些担心、苦恼、不自信吧，中等生也有春天，让我们默默进取，积蓄能量，静静等待，开心迎接盛放的时刻。

▌▌▌▌ 成长睿语 ▌▌▌▌

中国教育学会家庭教育委员会理事东子先生说，中等生，常常被称作"比上不足，比下有余"，其实，每个中等生都是一块金子，是冷落和轻视让金子蒙上了尘埃。今天的成绩中等并不代表明天的不优秀，中等生也有成才之路。如果父母和老师还没有觉悟，那么让我们自己拂去身上的尘埃，亮出光芒，绽放出别样的光彩。

输在起跑线上的哈佛男孩

"别让孩子输在起跑线上。"这句成了口号的话，不知道影响了多少父母（甚至是祖父母、准父母），号召了多少家长和老师，让他们热血沸腾、前赴后继、无怨无悔地为孩子做出牺牲，歇斯底里地为孩子摇旗呐喊，强推着孩子向前、向前、向前！这种推动力犹如洪水一般，让人惊恐。

这真的不是夸张，因为这样的思想和口号，造成了很多的悲剧。曾经有一个 5 岁的小女孩，就因此被妈妈失手打死：

那一天，家里来了客人，女孩的妈妈要招待客人，于是，让 5 岁的女儿回里屋背唐诗。然而，客厅里那么热闹，作为一个 5 岁的孩子，她怎么可能抵御快乐的诱惑？她当然会"人来疯"，跟客人们玩得特别开心，客人也很快乐，可是妈妈已经忍无可忍了。客人走后，妈妈的愤怒终于爆发："你现在不学习（输在了起跑线上），将来被社会淘汰怎么办？"激怒之下下手过重，就这样小女孩不幸夭亡。孩子甚至都不知道为什么，还没听懂妈妈的话，就把命丢了。

这是一个真实的故事，人们震惊、谴责，却丝毫没有动摇对"别让孩子输在起跑线上"这句话的迷信。你仔细观察一下周围就可以发现，还有不少孩子生活在它的阴影里。

你是否也被卷入这波涛汹涌的洪水之中呢？被淹没、不能呼吸、奄奄一息，这真是可怕。下面这个故事，希望能为你带来一线曙光。

他叫于智博，今年30岁，已经是全球PC领导企业——联想集团的总裁高级助理，有多家世界知名企业工作和实习经历。他2009年毕业于哈佛大学商学院，当其他同学还没找到满意的工作时，他已经拿到了5家机构的聘书，分别是花旗集团、三星株式会社、LG电子、苹果计算机和美国篮球联盟（NBA总部）。之后他成为花旗集团"全球领袖计划"成员，而且业绩突出。

优秀吧？真是让人羡慕嫉妒恨呢！他的经历怎么可以如此辉煌？！不过，要是告诉你他曾经是"留级生"，是"倒数第一"，你会不会大跌眼镜呢？

于智博9岁那年，父母离异，他不得不从上海转学到成都，与爷爷奶奶一起生活。转学时，他本应读小学四年级，可是参加了当地学校的入学考试后，成绩非常不好，按要求只能留级，从三年级开始读。就是这留级，还是爷爷和奶奶去校长那里说了情才可以的。

于智博的小学成绩始终都不理想，上了中学，随着学习方式的改变和压力的增大，学习成绩更是一塌糊涂，尤其是数理化成绩极差，所以经常排名是倒数第几。爸爸请了学校里最好的老师给他补课，但成绩就是提不上去。有一次，爸爸参加他的家长会，听到他数理化成绩倒数第一，综合排名在全班倒数第三，回家后狠狠把他揍了一顿。

16岁时，于智博转学到美国，就读于一所全校只有50人的乡村中学——密歇尔高中，学校只有一座连排的平房，是全俄勒冈州规模最小的高中。从人口稠密、热闹繁华的成都来到这个美国乡村小镇，于智博心理落差很大。但为了更好地和当地的同学交流，他不怕出丑，不断重复同学和老师所说的话，频繁与当地人交流，模仿他们讲话时的口吻和语气。仅仅用了两个月的时间，他就基本掌握了美式英语的发音。

随着年龄的增长和思想的日渐成熟，于智博懂得了如何去学习，如何发展自己。于是他顺利地考上了一所大学，后来又转到密歇根州立大学。从密歇根州立大学毕业后，他在戴尔总部工作了三年，25岁的时候，于智博决定报考哈佛商学院。自此，他的人生越来越让人羡慕和惊叹。

于智博说："人生有多个起跑线，也许我开始落后于人，但并不见得会永远落后于人，找到属于自己的最佳选择，才是最重要的。"他最喜欢俞敏洪的一句话："蜗牛只要能够爬到山顶，和雄鹰所看到的景色就是一样的。"

这就告诉我们，输在起跑线上没那么可怕。

教育专家史青星说，现在不知道有多少父母还为孩子"输在起跑线上"而纠结，而于智博的故事告诉我们，一个人在今天能否取得成功，是否能够取得骄人的成绩，与他曾经的过去关系不大。

是的，道理就是这样的。人生不是百米跑，而是一场马拉松，即便你离开起跑线时是倒数第一，也不一定会输掉比赛，因为它拼的是耐力、智慧和心态。加油吧！

成长睿语

于智博最常说的一句话就是"天生我材必有用"，虽然学习不好，但他热爱运动，体育非常好，这让他知道自己是有特长的，是有用武之地的，由此而得到的自信，他灵活运用到了生活的各个方面，所以他很成功。我们也要像他那样发现自己、挖掘自己、相信自己。

成绩好的孩子需要注意什么

很多人都羡慕成绩好的同学，因为成绩好能得到更多表扬，能获得家长和老师的青睐，能让很多人赞叹，似乎只要成绩好什么都好，只要成绩好就是好孩子、好学生，生活就会泡在蜜罐里。

其实，根本不是我们想象的那样，成绩好的孩子照样有苦恼、有不开心、有无能为力的事情，并且，因为成绩好，可能他们所承担的心理压力更大，一次小差错可能就会让他们伤心很多天，一次失误可能就会致他们于死地。

下面这两个学习好的孩子的故事，也许会让你唏嘘不已。

小佳今年上六年级，是一个学习很棒的女孩，考试分从没低于95分，马上就要升初中了，老师和家长对她更加"照顾"。在无形的压力下，第二学期的第一次月考她就失误了，数学只考了86分。在老师发卷子念到小佳的分数时，全班肃然无声，全部目光都集中在小佳身上，顿时小佳觉得脸上像着了火。老师也说她："怎么回事呀？才考这么点分儿，你对得起我，对得起你的爸妈吗？"下课后，很多同学都在背后议论她："小佳才考那么几分，比我还低呢！哈哈，这次我不用被妈妈说了。"

回到家后，妈妈接着批评她："86 分？天哪，你是怎么回事呀？你都能打破世界纪录了。以后休息日不许出去玩，在家好好写作业，写完作业后去上补习班。"听着妈妈严厉的声音，想起老师的批评和同学的议论，小佳把自己关在房间里哭了很久。

成绩好就天天快乐、无忧无虑吗？显然不是，看看小佳，真是可怜呢！许多成绩好的孩子都会遇到这样的情况，因为一次考不好，就要面临老师的批评、家长的训斥、同学们异样的眼光，自尊心受到严重打击。

小波从小就成绩优秀，小学开始，他的成绩始终在全年级数一数二，家中的"三好学生"、"优秀学生干部"等奖状有厚厚一大沓。除了成绩优秀，他长相也不错，性格又开朗活泼，每次学校六一儿童节等重要活动，都是他当主持人。初中毕业时，他作为尖子生被录取到当地的重点中学读书。

上了高中后，由于班上的学生都是各个学校最优秀的，小波的成绩不能数一数二了。他自己很着急，父母也很着急，尤其是爸爸，给了他很大的压力，每周都要打电话叮嘱，说一定要想法拿到第一，争取考上好大学。三年的高中生活，小波几乎喘不过气，性格也变得不如从前。一次和爸爸闹矛盾后，他离家出走，在花完身上的 200 元钱后，他一时冲动竟然去抢劫出租车司机。

当记者在看守所见到他时，怎么都不相信眼前这位戴着眼镜、温文尔雅、高大帅气的男孩会做出这种事。

在后来跟心理辅导老师的交谈中，老师发现，小波因为成绩好，长期受到家长宠爱，性格十分冲动，不能受半点委屈。这也许就是他犯大错的原因吧。

没想到吧？竟然还有这种事情。是的，成绩好的孩子也有种种的烦恼和困扰。

本来成绩好是一种优势，是优秀的一种体现，如果我们仅仅沉浸在成绩好的骄傲里，或者没有珍惜好成绩，没有锻炼好心态，那么我们也会走向失败，跌入谷底，甚至走向深渊。

成绩好的孩子，起码要注意以下四个方面的问题：

一、谦虚，戒骄戒躁。很多成绩好的孩子都有点小骄傲，认为自己比别人强，有的孩子还看不起人，岂不知这是很愚蠢的想法。"谦受益，满招损"，"谦虚使人进步，骄傲使人落后"，这些名言俗语，都是我们的前人在实践和经验的基础上总结出来的智慧，我们一定要记住。否则，好成绩很快就会消失不见。

二、锻炼承受挫折的能力，拥有一个好心态。成绩好的孩子大都受到周围人的宠爱、娇惯，很少有经历挫折的机会，缺乏承受挫折的能力，一旦挫折来袭，立马丢盔弃甲兵败城毁。然而，挫折常常在人生前进的道路上等着我们，如果没有足够的抗挫折能力，成绩再好，将来也不一定能成功。学习好的孩子，更应该有意识地去培养自己的抗挫折能力。

三、热心，友好。因为成绩好，可能同学会嫉妒你。因为嫉妒心理是一种普遍存在的心理，针对的都是比自己优秀的人，而嫉妒会让人做出很多不可思议的事。所以，我们要有助人为乐的热心肠，去帮助那些成绩不理想的同学，与他们友好相处，乐于和他们分享自己的成功经验，只有这样才能避免孤芳自赏，远离被孤立的泥潭。而这些品格，在我们将来的生活中，也是十分重要的。

四、努力全面发展。光成绩好并不能算是优秀的孩子，成绩好反映的只是读写思维等方面的能力，不太全面。当今社会不再需要"高分低能儿"，需要的是有一定特长的人或各方面都发展较好的人。比如成绩特好，却连鞋带都不会自己系的孩子，能称得上优秀吗？还有的同学学习好，却从不关心别人，甚至还损人利己，这样的孩子谁喜欢呢？一个好孩子，应该是品学兼优的孩子。

▨▨▨▨▨ 成长睿语 ▨▨▨▨▨

有研究显示，那些受欢迎孩子的行为特征往往表现为：行为举止得体，喜欢与人合作，乐于助人，有同情心，懂得关注他人、赞美他人，善于与人分享，能为人提出有益的建议，听从别人劝导，维护团体的荣誉，努力提高团体的凝聚力等。你是想成为一个学习好又受欢迎的孩子呢？还是想成为一个仅仅成绩比别人好的孩子呢？

成长应该是快乐的

　　如果针对青少年做一个调查，问：你的成长快乐吗？大概会有一半的孩子回答"不快乐"吧？

　　是的，很多孩子不快乐，很多孩子感觉好累，生活无趣：从家到学校，从学校到家，两点一线的生活很机械、很枯燥；家长只关心考了多少分，老师只关心有没有给班级抹黑；生活实在是暗淡无光，考试成绩不好还得挨揍，周末、假期还要上各种培训班。怎么说，成长都不是一件快乐的事。

▓▓▓▓ 曾经有这样一则新闻报道：

　　2005 年，湖北某校的 15 名初三学生集体离家出走。出走原因是前一天的摸底考试成绩不理想，担心受到父母责骂。于是，孩子们凑了几百元钱，坐上南下的火车。后来因为钱不够，只好下车，幸亏及时被车站民警发现。令人意外的是，当民警问他们是否愿意回家时，15 名少男少女大多数摇头。一个男孩说，不管在学校还是在家里，大人谈的都是学习，他很反感。另一个孩子说，她害怕考试，害怕父母。而离家出走的策划者说父母越是关心他的学习，他越是感觉压力大。他希望学一门手艺，可父母却反对，认为"只有读书才能出人头地"。

现在大多数学生厌学情况非常严重。据《中学生时事报》的一项调查显示：34%的被访中学生说，有时"因功课太多而忍不住想哭"；58%的学生说，"学习成绩下降，老师会嫌弃"；75%的学生说，"父母对上学期的成绩不满意"。面对来自老师和父母的双重压力，35%的学生坦言"做中学生很累"，41%的学生说"有点累"，更惊人的是，1/5的学生有过"不想学习想自杀"的念头。

面对这样的事情和数据，我们真的很难把"快乐"这两个字放在孩子们身上。

虽然教育专家和媒体一再呼吁：给孩子松绑，还他们成长的快乐。可现在还是有不少孩子挣扎在疲倦中，甚至连一些家长也觉得孩子太累。因为这个时代在驱赶着人人向前，很多父母和老师也被时代所迫，忙着让孩子参加花样繁多的补习班、特长班，使孩子失去了太多童年的乐趣。

可是，如果我们一味沉浸在这些苦恼中，又能得到什么呢？如果我们仅仅关注这些成长中的负面信息，又能起到什么作用呢？

我们不可能超越时代孤独生存。当我们无法改变环境的时候，我们要改变自己，改变思路、改变心态、改变应对方式。

什么是成长？成长就是从小到大，从低到高，从弱到强，从幼稚到成熟，从感性到理性，一点一点地变化。在这个连续的渐变过程里，我们学会很多知识，明白很多道理，收获很多经验，我们一天天地脱离依附，变得独立自主。

不需要大人牵着手了，不需要妈妈每天接送了，不需要用哭来得到东西了，衣服款式可以自己选择了，发型可以自己说了算了，周末的游玩可以跟同学单独去了，等等，我们日益成为"自己"，越来越有思想，越来越有梦想。

这样想想的话，是不是觉得很不错呢？

是啊，越长大越自由，越长大越可以更高地飞翔。在更高的天空，在更远的地方，有我们凌空超越的梦，有我们浪迹天涯的向往。

成长应该是一种快乐，是获得的快乐，是超越的快乐，是成熟的快乐。也因为这种快乐，让我们的生命更加充实、更加健康。

知识武装了我们的头脑，让我们从一张白纸变成一幅生动的画。文字、数字、语言、思维，让我们日益丰富——从优美的文章里，我们看到了生活的千姿百态和自然的美丽神奇；从加减乘除里，我们明白了运算的细微和规律的奥秘；从 ABC 中，我们领略了世界的广阔和异域的风情。

如果没有成长，我们将不能感受这些知识带给我们的新鲜、奇异。

友情温暖了我们的生命，让我们在人生的道路上不会孤单。从进入幼儿园的那一刻，友情就进驻了我们的生命，从那里开始，我们认识了"别的小朋友"、"同学"、"朋友"，他们跟我们一起上课、玩耍、做作业、恶作剧、说悄悄话，相互支持，相互帮助，一起哭也一起笑。有一天你也许会发现，某些朋友在你的生活中占着很重要的地位，甚至他们比父母更能跟你心贴心。著名的教育家、出版家邹韬奋曾说："友谊是天地间最可宝贵的东西，深挚的友谊是人生最大的一种安慰。"

如果没有成长，我们怎么会遇到那些可爱的朋友？

当我们看到自己一天天地进步，我们的内心一定充满了喜悦。这就是成长带给我们的快乐的资本、财富。

愉悦的心态可以让我们的头脑更加活跃，积极的情绪有利于我们的智力的提高和潜能的发挥，快乐让我们活泼、开朗，让我们形成良好个性。

当然，快乐的心态也有利于我们提高学习效率和成绩，使我们更容易受到老师和同学的欢迎。

成长的过程，的确充满了曲折和坎坷，我们需要用快乐来积极面对、解决。让阳光住进心里，就不会有阴雨来扰乱前进的脚步；让快乐住进心里，就不会因为坎坷而失落。有两句话说的好：快乐是一片云，走在蜿蜒的小路上，心中无限明朗；快乐是一只小鸟，走在辽阔的田间，心中无限舒畅。

有快乐的心，又何惧成长中的愁呢？

成长睿语

有一句名言说："成长之路的基石是快乐。"是的，唯有快乐，才能让我们人生之路的路基坚固，为我们的健康成长保驾护航。在快乐中成长，是最好的成长方式。

第二章
学会学习奠定一生

世界500强企业不约而同的要求

"世界 500 强",这个词语大家并不陌生,因为我们能从很多地方看到它。世界 500 强企业,对每一个希望得到好工作的青年都具有很强的吸引力,是全世界青年的梦想站点。所以,很多人都想进去,为了能进世界 500 强企业工作,他们都使出了"十八般武艺"。

而世界 500 强企业需要你有什么"武艺"呢?你需要具备什么样的素质、能力才能毫无悬念地进入世界 500 强企业呢?

毕业就扔掉书本的人可以吗?到公司三个月了还没有掌握工作重点的人可以吗?认为参加工作就不需要学习的人可以吗?答案是:NO!

世界 500 强企业对员工有一个不约而同的要求:学习能力强。没有学习能力,不可能被他们录用,即便侥幸进入,也会马上被淘汰。

著名的世界 500 强企业——通用电气公司,他们的公关总监说:"公司不是很在乎应届生与公司要求之间的差距,因为他们对于自己的培训体系非常自信,只要有强烈的求知欲和学习能力,就一定可以通过系统的培训脱颖而出,因此在面试中这两项考核十分关键。"

同样是世界著名 500 强企业的微软有一句口号:学习铸就人才。微软中国区人力资源部总监说："微软公司一贯倡导终生学习的理念，职位意义上的培训只是员工终身学习的一种方法，公司的学习理念是：70%的学习在工作中获得，20%的学习从经理、同事那里获取，10%的学习从专业培训中获取。一般而言，新员工进入微软的第一年被我们设计为学习期。"由此可见，学习能力在世界500强企业中的重要性。

▌▌▌▌ 让我们一起来读一个故事：

张萌是一位看起来很普通的中国女孩，可是，当你听到她击败三位欧美男孩进入德国一家世界500强企业的时候，你就会知道，在她普通的外表下，有着超强的学习能力。

张萌说，刚到那家公司时，简直应付不过来，虽然一进去就会有老师指导你，但如果你没有很好的学习能力，工作将无法开展。在一个月内，我翻阅了大量的公司资料，然后独立完成指导老师派给的任务，基本上都是一边看一边学一边做，结合所学所看，收集数据后仔细分析，然后写报告。这时候才知道学习能力有多么重要，稍有懈怠，就会造成错误。特别是有一次，老总要去新加坡分公司视察，而我们需要事先对新加坡公司的情况有个全面的摸底和分析，之前我对那边一点都不了解，指导老师吩咐我搜集数据、撰写报告。任务很急，三天内要拿出数据和报告，我从数据库里调出了近十年的资料，迅速而有效地进行分析整理，不懂的地方立即找指导老师请教，就这样，我在短时间内做出了一个详尽的报告，老总看了很满意。

学习能力的强弱，直接决定了你在工作中的成败和位置，而这将关系到你一生的建树、成就和生活。

能及时为自己"升级"，掌握本领域最新锐的知识，才能在自己所从事的领域立于不败之地，学习能力便是这其中的决定性因素。

英国兰卡斯特大学职业规划和就业指导中心主任保罗·布莱克默尔曾在一场讲座上说："留学最主要应该提高跨文化学习和工作的能力！很多世界

500 强企业都喜欢跨文化学习能力强的人才。比如，德意志银行就要求刚从大学毕业的员工要有跨文化学习和工作的经历。进入 21 世纪以后，青年人要想有所成就，除了拥有一纸文凭外，更需要有学习能力、创新能力。"

所以，青少年从小就要培养学习能力，不仅仅是学习课本上的知识，还要学习课本上没有的知识，学习学校里不教的知识，为了应用而学习，为了兴趣而学习，学会怎样去学习，而不是只为考试而学习。

有一篇名为《500 强企业最看重什么》的文章指出，良好的学习能力，需要系统的、勤奋的、孜孜不倦的学习精神，能够快速学习、终身学习。接受新的知识，新的技能，成为有潜力可挖、有发展前途的员工，才是企业所需要的人才。

这是一个竞争激烈的时代，我们一定要认识到，从学校毕业，不是学习结束了，而是学习刚刚开始，工作中、生活中，我们需要学习的东西还有很多很多。学习，学习，再学习，才能不被淘汰，才能立于不败之地。

▧▧▧▧ **成长睿语** ▧▧▧▧

李开复先生曾为学生们提出了"学习四境界"：一、熟能生巧：在老师指导下学习，掌握课本上的内容，知道问题的答案；二、举一反三：具备了思考的能力，掌握了学习的方法，能够举一反三，知其然，也知其所以然；三、无师自通：掌握了自学、自修的方法，可以在没有老师辅导的情况下主动学习；四、融会贯通：可以将学到的知识灵活运用于生活和工作实践中，懂得做事与做人的道理。如果你达到了这四种境界，你将会是一个学习能力很强的人。

学习能力是一张通行证

前面，我们主要提到了工作中学习能力的重要性，因为学习能力是我们未来最为重要的本领，也是我们实现梦想的途径。其实在日常的生活中，学习能力同样重要。人生之路，漫漫其修远，我们要想一路顺风，就要有一定的学习能力，否则，将会屡屡遭遇红灯。

就像一些招聘类电视节目中所表现的，台上的老师、专家甚至边上的嘉宾们，都有可能随手按下红灯键，那样的话，你就 Game Over 了，被下台、被淘汰。

我们时常会在报纸上看到这样的新闻：某某某考上了名牌大学，但因为生活无法自理而不得不退学。其实，这就是典型的学习能力差。生活上的事情，一般都很简单，比如洗衣服、叠被子、到商场买东西、去银行开户、缴纳各种费用等等，即便之前父母没有教会我们，只要向周围的同学学习和询问一下，这些事情便轻而易举地就解决了。因为生活不能自理而与名牌大学无缘，这不仅是笑话，更是悲剧。

随着我们年龄的增长，遇到的事情也越来越多，比如以后的交朋友、谈恋爱、结婚、居家生活等等，都没有谁来代替我们，更没有什么现成的"武器"供我们使用，我们都得自己去发现、去学习、去慢慢领悟和适应。而就是这些事情，在我们的人生中将占一大部分时间，会花费我们相当多的精力，没有学习能力，行吗？

▉▉▉▉▉ **一个人的能力和水平是有限的，只有不断学习才能完善提高。可谓人生有限，学无止境。**

这是美国东部一所大学期末考试的最后一天。对于工程学高年级的学生来说，是他们参加毕业典礼和工作之前的最后一次测验了。此时，他们聚在一起谈笑风生，脸上充满了自信。

一些人在谈论他们现在已经找到的工作；另一些人则谈论他们将会得到的工作。带着四年大学学习所获得的自信，他们感觉自己已经准备好了，能够征服整个世界。

他们知道，这场即将到来的测验会很快结束，因为教授说过，他们可以带他们想带的任何书或笔记。要求只有一个，就是不能在测验的时候交头接耳。

他们兴高采烈冲进教室，教授把试卷分发下去。当学生们注意到只有5道评论类型的问题时，脸上的笑容更加灿烂了。

三个小时过去了，教授开始收试卷。学生们看起来不再自信了，他们的脸上是一种恐惧的表情。没有一个人说话。教授手里拿着试卷，面对着整个班级。

他俯视着眼前那一张张焦急的面孔，然后问道："完成5道题的有多少人？"没有一只手举起来。"完成四道题的有多少？"仍然没有人举手。"3道题？"学生们开始有些不安，在座位上扭来扭去。"那1道题呢？"

整个教室仍然很沉默。

"这正是我期望得到的结果。"教授说，"我只想给你们留下一个深刻的印象，即使你们已经完成了4年的工程学习，关于这项科目仍然有很多的东西你们不知道。这些你们不能回答的问题都是与每天的普通生活实践相联系的。"然后他微笑着补充道："你们都会通过这个课程，但是记住——即使你们现在已经是大学毕业生，你们的学习还只是刚刚开始。"

是的，如果不能把课堂上学习的知识与普通生活实践相联系，那我们考再高的分都是无用。正如古罗马的哲学家辛尼加所说："学习并不在于学校，而在于人生。"

人生的成功之路，都是用时时刻刻的学习来铺成的。

特别是在这个信息爆炸的时代，只有不断学习，不断吸收新知识，才能适应日新月异的社会。联合国教科文组织在《学会生存》一书中指出：在未来社会里，文盲将不是不识字的人，而是那些不会学习、不会自行更新知识的人。

是否具有学习能力，已经被提高到区别文盲和非文盲的地步，可见学习能力的重要性。

而现实生活也告诉我们，拥有超强的学习能力，人生之路才能畅通无忧，学习能力犹如一张通行证，拿着它，才能一路绿灯。

成长睿语

学会学习比掌握知识更重要，不断提高自己、不断完善自己，是成功和幸福的基础。当然，学习能力不是一朝一夕就能养成的，它需要我们有毅力、有耐力，不要着急，从点滴做起，从小事做起，从现在做起，锻炼恒心、磨炼意志。只有用不断地学习来充实自己，才能获得精彩的人生。

如何培养学习兴趣

"烦死了，不想学。"

"没兴趣，真想死啊！"

"什么破玩意啊，不喜欢。"

"一上课我就想睡觉，神啊，救救我吧！"

……

你是不是也说过这样的话或发过类似这样的感叹？学习没兴趣，上课如坐牢。看见那些不喜欢的数字符号就想骂，一背诵那些可恶的字母就想撕书。

在学校里，其实这是很常见的现象。对学习不感兴趣的孩子很多，厌学的学生多到可以绕着操场排长队。

有没有神可以救救他们呢？有没有方法可以让他们脱胎换骨呢？在老师眼里变成好学生，在父母眼里变成乖小孩，只有天使才能做得到吧？

孩子，其实是你想多了，你自己就是天使。看一下这个小故事吧：

李爽是市级三好学生，在今年的市教育文化交流节中，他被选为学生代表，参加了与美国一所中学的互动交流，在交流会上，李爽的英语口语得到了美国师生的一致称赞。可是谁能想到，五年前，他对学习英语一点都不感兴趣呢？初一的英语考试中，有一次他竟然只考了 50 分。仅仅五年时间，李爽完成了完美的蜕变。

当有记者采访他的时候，李爽说：学习英语，一定要先培养兴趣。培养兴趣虽然不容易，但只要想方设法，一定会找到适合自己的方法的。我初学英语时，一点兴趣都没有，那些单词、时态我一个都记不住、搞不明白，考试都是应付的。有一次，我去表哥家玩，看到表哥正在看一部外国电影，非常好看，但没有中文字幕，我看表哥看得津津有味，心里痒痒的，好想看懂那些都是什么啊！表哥看完影片后我让他给我讲，表哥给我讲完看我回味无穷的样子，告诉我："你要想看更多更好看的电影，抓紧时间学英语吧，国外电影都比中国的好看。"当时表哥已经在读大学外语系，我对他很崇拜。为了看更多的好看电影，我开始觉得学习英语很有必要，后来，对英语的兴趣，也是在看电影中慢慢形成的。

看看李爽，是不是感觉天使就是他自己？"拯救"自己的人还是自己，当我们对学习产生兴趣的时候，不知不觉就会发现，周围的一切都变了。

你也可以为了看电影去学英语，为了写情书去阅读，为了算存款利息去学习数学，或者为了耍酷去学习物理，抑或为了解一个秘密去学习生物，为了旅游去学习地理。这都可以，只要你开始，你会发现学习知识是多么的有趣而轻松。为自己找一个理由，上路吧，不为了考试。

如果还没找到，不妨试试下面这些方法，也许会让你豁然开朗。

一、积极期待。对自己不喜欢的学科，可以从改善心理状态入手，对这门课和自己都充满信心，相信该学科是非常有趣的，自己一定会喜欢。这就是积极期待，积极期待有着很神奇的力量，赶紧试试吧。

二、转变"一口吃个胖子"的思想。学习是个漫长的过程，不要期望一两周的学习就有效果，给自己制定目标时，从自己可以达到的小目标开始。比如一天只背 5 个单词，然后逐渐增加，不断地进步会提高学习的信心，"一口吃个胖子"是不现实的。

三、自我奖励。当学习中取得进步时，哪怕小小的进步，也可以自我奖励，比如让自己多玩一小时游戏、买一本期待已久的动漫书，这样可以培养自我成就感，培养直接的学习兴趣。

四、加强喜欢的，带动不太喜欢的。爱因斯坦中学时只对物理感兴趣，不喜欢数学，后来他在向纵深研究物理时发现数学是其基础，便又产生了对数学的兴趣。这就是学科间的相互联系和影响，假如你的语文成绩不错，那可以把学习语文的方法用到学习英语上，这样可以带动英语的学习。

五、多问几个为什么。当你为回答或解答一个问题而去学习时，就带有目的性，目的性很容易激发兴趣。多问几个为什么，是保持兴趣最容易的方法，比如学习阿基米德定律时，你可以问：阿基米德定律的内容是什么？它的公式是什么？它是怎样发现的？怎样证明它的结论是对的？一旦你真正地深入下去，不知不觉就会被吸引住。

六、不妨做一下"白日梦"。经常想象自己考出好成绩、得到表扬、得到同学们羡慕的情景，可以激发学习兴趣。预期好的结果是热情投入一件事的充分条件，比如你想象某个电影非常好看才促使你去看。多做"白日梦"，从而激发学习兴趣。

怎么样？是不是发现自己以前都没想到还有这些方法呢？那就赶紧去学习吧。

成长睿语

把学习到的知识运用到生活中去，这不仅能巩固知识，更能提高和保持学习兴趣。比如帮爸爸看看剃须刀上的英文单词是什么，帮妈妈看看家用电器应用中的物理知识，帮邻居解释一下为什么洗衣服时要先浸泡等等。在解决实际问题的过程中，知识能带给我们成功的喜悦，而这种喜悦情绪正是建立稳定持久的兴趣所必需的。

怎样树立明确的学习目标

一名高二的男孩在网上求助：

我现在都高二了，还是找不到学习的动力和目标，看到周围的同学都很努力，特别是好朋友的进步很大，我感觉很不好受。自己也想去争气，但每当想认真学习的时候，却发现动力不足，对于未来，目标也不清楚，感觉每天上学都好像混日子一样。马上就高三了，心里很着急，不知道该怎么办才好，请大家帮帮忙，出出主意，有什么方法可以让我自救吗？

没有目标，怎么会有动力呢？不知道自己想要什么、或者想要达到一个什么高度，当然会很盲目，很着急。

人没有目标，就好像无头的苍蝇，乱飞乱撞，或者只能拍打着翅膀在原地打转。大到人生，小到工作学习，都是一样的。

有人说："没有目标的人注定要为有目标的人忙碌一生。"这真不是骇人听闻，因为目标明确的人总是领先于没有目标的人、领导没有目标的人。大概没有哪一位想落到这样的地步吧？

所以，树立明确的学习目标、人生目标，是很必要也很紧迫的事情，趁着年少，迎头赶上，才能有一个好的未来和前程。

▐▌▌▌▌ **一位考入清华大学的男孩，曾经这样跟大家分享他的成功经验：**

能考入清华大学，可以说是我一直的梦想，也因为有了这个梦想，我的学习目标很明确，学习很有动力，也很自觉。爸爸是一位工程师，我从小看他画各种奇怪的图，感觉很奇妙、很有趣，慢慢长大了，我告诉爸爸以后也要当一位工程师，爸爸说："可以啊，只要你考上清华大学，就能当工程师。"还在懵懂中，我就立志考清华大学。就这样，从小学到初中，再到高中，我一直都上的是重点学校。

高考前，就具体的学习方面，我分析了一下：要想考入清华大学，高考分数要在 670 分以上，语文应达 125 分，数学应达 135 分，英语应达 135 分，综合应达 275 分，否则没戏。然后，我把这些目标一一分解，分成很多个小目标，贯彻在每一天的学习和每次模拟考试中。为了激励自己，每天清晨起来，我都会想象自己已经在清华大学的教室上课了。带着这美好的憧憬，我心情愉快地去上课；早自习时，复习昨天老师讲的重点，预习今天要讲的内容；每一节的课堂上，我专心听讲，积极回答问题，课下独立完成老师留的作业；在做课后作业之前，再一次回顾老师所讲的知识要点，如果没记住，就及时查阅笔记或请教同学，当天的知识当天消化；其他时间，主要用来巩固薄弱学科；另外，我每天还会用半小时来总结这一天的学习情况，及时调整目标和时间分配。

当我来到清华校园报到时，非常激动、非常兴奋，看到"清华门"三个大字时，感觉浑身充满了力量，考入清华大学的目标实现了，下一步就是实现工程师的梦想了。

……

你是不是也希望像这位男孩一样呢？做一个目标明确、学习优秀的孩子，真的让人很羡慕、很欣赏。

学习目标是学习的出发点，也是学习的终点站。明确的学习目标犹如学海中的灯塔，为我们指明了方向。树立明确的学习目标，会让我们产生强烈的学习欲望，从而激发浓厚的学习兴趣和学习潜能，增强学习信心，能够让我们全身心地投入到学习中去，并激励自己为实现目标刻苦钻研、不断进取。目标越明确、越切合自己的实际情况，学习的动力也就越足、热情也就越高，可以让学习从此充满了活力和激情。

那么，怎么才能树立明确的学习目标呢？可从以下几个方面入手：

一、全面分析、正确认识自己和评估自己。准确找出自己的长处和短处，明确自己学习的特点、发展的方向。制定一个适合自己的目标，不要低于自己的能力，也不要过于高出自己的能力。

二、结合实际，长计划，短安排。目标可以分为长期目标、中期目标、短期目标。在总体目标的前提下，把目标分成几个阶段，然后各个击破。当你的短期目标实现之后，你就会更加有动力去实现中长期目标。

三、重点突出，不平均用力。所谓重点突出，一是指重点内容要多花时间和精力，二是要把主要力量用在自己的弱科或成绩不理想的课程以及某些薄弱点上，这样有利于重点不丢而又很好地查缺补漏。

四、劳逸结合，合理安排学习和其他活动。一味地学习、用功，并不是很好的事情，保证高效学习的方法是劳逸结合、脑体交替使用，比如学习了一下午，就应当去锻炼一会儿，再回来学习。同时也要注意，在安排科目时，文理科的学习也要错开。

五、注意效果，积极总结，定期检查，及时调整。在实现目标的过程中，要及时地进行总结，检查学习效果，从而总结得失，以利改进，使自己在实现下一个阶段目标的时候扬长避短。同时，要根据目标的实现情况，不断修正自己，及时做出调整。

▓▓▓▓ 成长睿语 ▓▓▓▓

有人说，一个没有目标的人是可怕的，因为他很容易迷失自己。对于青少年来说，要及早树立明确的学习目标，学习目标对我们有一定的约束、激发和导向作用，意义重大。如果你想成绩优异，如果你不想落后于人，那就及时树立明确的学习目标吧，它能让你热情高、效率高、专注力强、成绩超棒。

把学习变成一种习惯

在上面的内容里，我们讲到学习目标的重要性和如何树立明确的学习目标，不过，你有没有想过，当学习目标全部达到以后，还要怎么样呢？当你有了好的成绩，考上了理想的大学，接下来做什么呢？万事大吉了，把书本一扔？

如果是这样，那看看下面这个同学的"经验之谈"吧：

熬过了高中，度过了大学，毕业那天把所有的书都当废品卖掉了，心想终于解放了，再也不用看书考试了。参加工作之后，感觉很新鲜，业余大把大把的时间用于逛街、看电视剧、打游戏等，把学习的事情早抛到了九霄云外，没有再碰过书本，也没想着要学习什么。两年后，突然间发现自己像被世界遗弃了，很多同学跟自己完全不一样：小A在他的空间日志上说已经全部通过了注册会计师的考试，小D有一天兴奋地打电话告诉我她报考了心理咨询师，小H在她的博客和微博里晒发表在报纸上的"豆腐块"……回头看看自己，那叫一个汗颜啊，都没法跟别人站在一起了。在对他们表示祝贺和敬佩之外，更多的是反思，觉得自己虚度了大好光阴，浪费了年华。不学习就要落后，不管是在学校还是在社会上，学习永远都很重要，只有把学习变成一种习惯，日日学，月月学，不懈怠，不懒散，才能有所超越，在生活中游刃有余。

想成为这位同学一样的人呢？还是想成为小 A、小 D、小 H 那样的人呢？成为这位同学，很快就会被淘汰，因为信息时代，每一天都有无穷尽的新事物，不学习，旧的知识体系很快就会跟不上社会的发展。

其实，"充电"已成为现在年轻人的一种共识，他们都在学习跟自己工作相关的知识、或者跟自己兴趣相关的东西，谁都不愿意做一个落后者。所以才会有小 A、小 D、小 H 那样的众多力争上游的青年人，一直保持学习的习惯，努力做到更好。

优秀和不优秀也就此有了区别。一个优秀的人必定是一个养成良好学习习惯的人，一个养成良好学习习惯的人即便不是最优秀的也会是较优秀的人。相反，一个疏于学习、不爱学习、没有养成学习习惯的人，即便原来功底很深、天赋很高，成绩也是暂时的、短期的，不会是一生的优秀，早晚会被时代的洪流所淹没。

我国著名语言文字学家周有光先生，如今已 100 多岁了，仍坚持每天伏案学习，笔耕不辍。有记者问他："您都 100 多岁了，又有那么多成果，为何还那么辛苦呢？"他坦然一笑："辛苦吗？我没觉得，一辈子的习惯，想改也难。"所以，他取得了辉煌的成就，享誉国内外，影响数代人。这就是习惯学习的力量。美国心理学家威廉·詹姆斯说："种下一种习惯，收获一种性格；种下一种性格，收获一种命运。"可见习惯的力量是多么巨大。

学习一旦成为自觉习惯，很多事情也都轻而易举地解决了，因为你的学习让你保持着敏锐的思维、坚定的执行力和行动力。而勤于学习、乐于学习、善于学习的好习惯一旦养成，一些不良习惯就会随之消失，我们将会更加优秀。学习习惯的养成，也是一种追求，是一种动力，一种对知识不断追求更新的动力、对生活不断追求充实的动力、对人生不断追求卓越的动力。我们还等什么呢？

　　不过，也要做好准备，因为任何一个习惯的养成都不是一朝一夕的事情，学习习惯也一样，无法一蹴而就，我们要持之以恒、不断内化、逐渐自我完善。当你的成绩提高时，当你的自律自主性得到老师、家长的肯定和赞赏的时候，你会觉得所有的付出都很值得。

　　如果还不知道怎么去养成学习习惯，也不用着急，万事开头难，我们可以慢慢来。比如可以先从简单的、自己能做到的开始：课前预习、上课认真听讲、课后做好复习巩固。不需要太复杂，就做这三步，坚持一个月，然后往后延续，直到形成自动化学习的行为方式。更多的学习习惯以此类推，只要坚持去培养，你的学习和未来都将占有主动性。

▨▨▨ 成长睿语 ▨▨▨

　　行为科学研究认为：一个人一天的行为中大约只有5%是属于非习惯性的，95%的行为都是习惯性的。当你把学习变成习惯后，你会发现"不想学都难"，因为它已经变成你的不自觉行为了。你有没有发现，养成学习习惯还是一劳永逸的事情呢？习惯形成后，它推着你就向前走了，都不用你再操心，何乐而不为呢！

保持一颗好奇心

绝大多数的人，随着年龄的增长，好奇心日渐减少。成年之后，好奇心更是稀薄如被抽空的气体实验瓶。小时候"盯着蚂蚁看半天"的行为早已云消雾散，取而代之的是视而不见。殊不知，这是一种很大的损失。

好奇心是学习的驱动器，但凡有所成就的人，都是好奇心很强的人，比如法布尔、爱因斯坦、伽利略、比尔·盖茨，等等。心理学中讲到：好奇心是个体遇到新奇事物或处在新的外界条件下所产生的注意、操作、提问的心理倾向；好奇心是个体学习的内在动机之一，个体寻求知识的动力，是创造性人才的重要特征。理论如此，事实也是如此。所以也有人说：纵观人类的文明史，可以说是好奇心创造了人类的文明。

保持一颗好奇心，是我们不断学习和进步的最大动力。

在剑桥大学里，流传着这样一个故事：有一天，著名哲学家罗素问同样是大哲学家的穆尔："谁是你最好的学生？"穆尔毫不犹豫地说："维特根斯坦。"罗素问："为什么是他？"穆尔回答："因为，在我的所有学生中，只有他一个人在听我的课时，老是露着迷茫的神色，并且总是有一大堆问题。"罗素点点头。后来，维特根斯坦也成了大哲学家，并且名气超过了罗素。有人问他："罗素为什么落伍了？"维特根斯坦说："因为他没有问题了。"

为什么没有问题了？是什么都懂得了吗？显然不是。没有问题了，是因为好奇心减少了，发现不了问题了，求知欲和学习的欲望都降低了。

没有了好奇心，就像电脑没有了驱动，软件将无法运行，我们无法前进。

也许有不少人曾在媒体上看过这样的报道：中国的中学生在国际上的学科竞赛中，特别是数学学科，成绩非常优秀，常常超出其他国家一大截，按说这样的成绩应该能造就出很多世界顶尖级的大师来，但是，中国至今只有一个人获得诺贝尔文学奖，因为中国学生在后来的学习和工作生涯中，创造性不足。由此，中国学生在创造力上的缺乏也一直被诟病。为什么如此缺乏创造性？主要是因为好奇心缺失。中国的学生，成绩都是"考"出来的，学习都是"逼"着做的，而不是自主自发地去研究、去探讨，很少有好奇心的参与。

如果长此以往，我们肯定还是落后。所以，教育部将"培养学生的好奇心"写进了中小学教师的专业标准里。虽然现阶段的教育环境还不能让我们很满意，但我们自己要为了自己的梦想而努力，要保持一颗好奇心，释放好奇心的能量，主动去学习、去探索。有了好奇心才能主动学习，而不是被动学习，学习才能有乐趣，而不是一种痛苦。

苹果之父乔布斯在里德大学念书时，发现里德大学有很多海报，而每个海报上都用漂亮的美术字。于是，他对美术字表现出很大的好奇。他选修了美术字课，在课堂上，他学到了新颖的字体、间距和式样。这些，当时看起来在他的生命中好像都没有什么实际应用的可能。但是十年之后，乔布斯把它们全都设计进了 Mac，而那正是世界上第一台使用了漂亮的印刷字体的电脑。

乔布斯认为，他之所以取得成功，原因在于他具有狂热的好奇心。很多

孩子都期望手上拿着 iPhone 手机，包里装着 iPad 电脑，有没有人期待能成为下一个乔布斯，创造出更好更先进的电子产品呢？如果想成为第二个乔布斯，那就像乔布斯一样保持一颗狂热的好奇心吧。

那么，如何让好奇心不随着年龄增加而消失，不因外界的环境而减弱呢？

首先，要坚信好奇心的能量，要相信好奇心是前进的动力，唯有相信和正确的认识，才能有正确的行为。文学家卡尔·萨根曾经说过："每个人在他们幼年的时候都是科学家，因为每个孩子都和科学家一样，对自然界的奇观满怀着好奇和敬畏。"我们生来就有科学家的头脑，别把它变笨了。

其次，要敢于发问，提出问题往往是向常识挑战，它是刺激人脑积极思考的有效方法。无论是在学习还是在生活中，要大胆思考，敢于提出问题和发表自己的看法，不唯上、不唯书、不盲从。对课本上的知识进行质疑，对各种媒体报道进行质疑，养成爱问"为什么"的习惯，会用疑问的眼光看待各种现象和探究那些不知道的自然规律。也可以不断问自己一些问题，然后尝试去解决。

再次，培养多种爱好，从普通的事物中发现闪光点。培养多种爱好，有利于保持好奇心，如音乐、书画、歌舞、弈棋、收藏、旅游等，既能陶冶我们的情操，还能提高审美和观察能力，去发现生活中的特别之处、美丽之处。

成长睿语

教育专家说，一个孩子是否具备好奇心，往往表示其思维是否活跃、心灵世界是否敏感和丰富，当好奇心贯穿孩子的生活时，他们善于思索、勇于实践的心灵闸门也就被打开了。可见，保持一颗好奇心是我们一生的财富。找到好奇心，抱着它，你会发现，行走如有风，脚下如有轮，成功将会一帆风顺。

语文那点事

　　说实在的，语文成绩很差的人并不多，因为它不像数理化那样，要是你不会，可真的考不出好成绩，语文不一样，有时我们蒙都能蒙对，随便写也许就能得分。生活里到处都是语文，你不自觉地就在学习，在积累语文知识。语文那点事，说起来很简单。

你看，一位语文老师竟然这样传授经验：

　　上学时，我从来不学语文，但成绩一向很好，秘诀只有一个：读好书。现在当语文老师了，从来不备课，学生爱听我的课，中考成绩多年全市第一，秘诀也只有一个：培养学生读好书。在我们的阅读里，语文知识全有了。

　　还有一位同学，他也是如是说：

　　我的语文学得就很好，这与我平时多看书是分不开的。我觉得语文要想学好是很容易的，只要多看些书（不一定非要是语文书，其他的也可以，比如故事书、杂志都可以），这样可以增强语感，对段落的分析就能容易些。还有，如果作文不好的话可以每天坚持摘抄一些好的文章（比如句子优美的，朗朗上口的），在抄写好文章的过程中，我们既学习到好词好句，也培养了好的思想和情感。

简单吧？只要多读书就行了。

不太喜欢读书？这不太可能，只是你没有找到好看的书，没有读到自己感兴趣的书，或者你读书是被迫的，让自己产生了反感，就一概拒绝了。先找找自己属于哪一种吧，找到原因后再去自由阅读、放松阅读，就能慢慢走到爱读书的道路上来了。

不过，假如语文成绩真的不好，补起来可没数理化那么简单。在这里，我们来"解剖"一下语文，看看它都有什么。

首先，总体上讲，语文有三大特点：开放性、情感性、灵活性。

什么是开放性？就是语文和我们的日常生活息息相关，生活的任何内容都离不开语文，它不局限于课本、学校，它散布在生活的每一个地方，只要你有意识地学习，在生活的任何场合都可以学到语文。

什么是情感性？语文是一门感性的学科，充满丰富的情感，因为我们读到的每一篇文章，都是作者充满感情写下来的，每一个词、每一句话都充满着感情色彩。而我们的汉字，更是个个都有故事，离开了感情因素去单纯地学知识，是学不好语文的。

什么是灵活性？语文学科的知识体系不像其他学科那样呈现线形或链条形排列，它没有公式、没有原理、没有条条框框，而是由浅入深，逐渐复杂，螺旋式上升。

由此我们可以得出，学习语文不能机械死板地学，要把课内学习与课外学习联系起来，把学习内容与生活感受融会贯通。带着感情学习，带着感情领悟，把学习带进生活里。

其实，语文有"听、说、读、写、悟"五个根本环节。我们要抓住这五个根本环节，做到学法得当、记悟并重、培养能力、养成习惯，学习语文就轻而易举了。语言学家吕叔湘先生说过："学习语文不是学习一套知识，而是学习一种技能。"注重培养良好的听说读写习惯，语文学习将事半功倍。

听：上课认真听讲是很必要的，有些人觉得语文好像没什么听的意义，其实这是错误的，老师的授课是相当关键的，课堂上讲的都是经过筛选后的精华，有着很强的指导和启发意义，是我们牢固掌握基础知识和基本阅读及写作技巧的关键。上课时专心听讲，记好笔记，把不懂的问题记下来，课后跟老师、同学一起讨论，这是最实际的学习方法。

说：说的方面好像看起来不是太重要，因为考试不考口语，但光听老师讲，自己不动口动脑，是学不好语文的。

读：开头我们就讲了读书的重要性和关键性。但如何读呢？对课文，我们要学会速读、细读、研读，精彩的篇章一定要能够背诵。课外，要广泛浏览各种书籍和报纸杂志，并学会从电视、广播、网络上获取信息。博览群书能让我们快捷有效地积累知识，能在潜移默化中提高阅读能力和语言的综合能力。阅读量提高了，语文水平自然也提高了。

写：写在语文学习和考试中占有相当大的比重，写好作文是语文成功的一半。提高写作能力要从点点滴滴做起，首先要学会在阅读的时候做笔记，然后坚持不懈地记日记、周记，写读后感、命题作文、随笔等，这是帮助我们写好作文的有效途径。写好的作文要反复修改，也可以请教老师、征求同学的意见，精益求精。

悟：没有感悟就没有文章，写文章要有感而发。要把感悟融入到我们每天的生活中，做个有心人，善于观察生活，勤于思考生活，从中发现和获得无限精彩的知识和素材；关心社会生活，了解社会动态，使自己的思想不断进步。这样不仅能使我们积累更多知识，也能使我们的文章充满灵性和生命力。

看完这些，你还会觉得语文不好学吗？语文那点事儿，真的不复杂。

▓▓▓▓▓ 成长睿语 ▓▓▓▓▓

在所有的学科当中，语文可以称之为最美的一门，它教会了我们识字、阅读，丰富了我们的情感，开阔了我们的视野，提高了我们的审美水平，让我们在生活里能与人共处、妙语连珠。学好语文，是畅游精神世界的基础，而人之所以为人，就是因为有丰富的精神内涵，语文之于我们，是立足之本。试着去爱上它、学好它吧。

数学可以如此简单

数学对于很多孩子来说，是一门头疼的学科，特别是文科的学生，数学就像拦路虎一样。甚至很多文科生在走上工作岗位以后，还对数学痛恨不已，抱怨数学影响了他们的人生，拖了他们的后腿或者断送了他们的梦想。可想而知，数学有多难，学好数学是多么不容易。

▓▓▓ 著名教育家、特级教师王金战先生曾讲过这样一个故事：

有一年秋天，我到一个度假村旅游。当时，某师范学院美术系的学生正好在这里写生，晚饭后，我见有 6 名大学生围在一个圆桌前闲聊，就过去跟他们搭话。他们问我是干什么的，我说我是某中学的老师，他们听说我是中学老师，感到有点亲切。聊了一会儿，他们又问我教什么课，我没有直接回答，凭我的经验，艺术类的学生一般都不喜欢数学，我也想验证一下我的想法，就说："我教的这门课你们可能不大喜欢。"没想到他们 6 名大学生竟异口同声地脱口而出："数学！"我狂晕！他们连想都没想，就准确地定格到数学上了，幸好我有心理准备，否则我真要当场晕过去了！

呵呵，有意思吧？数学真是让很多人发愁呢。王老师之所以要被他们脱口而出的"数学"吓晕，是因为王老师深为学生学不好数学而震惊、遗憾。用他的话来说，"工作30年来，我一直在教数学，教初中、教高中、教竞赛，越教越觉得数学好玩、好学，越教越觉得数学很美、很酷，以至于我常常被数学的波澜壮阔之势、高瞻远瞩之能、对称和谐之美、茅塞顿开之境所陶醉。"而他不知道的是，很多孩子，对数学已经厌恶到这种程度了。

然而，不管有多厌恶，我们都不可能放弃对数学的学习。它一直都是我们的"主课"，是考试的"大头"，如果我们放弃，那就是放弃我们的未来。有谁敢拿未来开玩笑呢？所以，我们只能寻找方法，发现数学的秘密和魅力，找到解题的技巧，才能拯救我们的成绩。况且，数学在生活中也是很实用的一门学科，我们的生活处处离不开它，比如你每天都会算账，如果学不好数学，那可能要吃大亏了，你大概也不希望你的钱都跑到别人口袋里去吧？为了自己的利益也得学好数学。而更加重要的是，数学是人们借以训练多种特殊技能的最主要工具，如计算能力、逻辑思维能力、空间想象能力、推理论证能力等等，有人形容说，"数学是思维的体操"，所以，数学是我们每个人都应该掌握的一种技能。只要你掌握了技巧和方法，找到了敲门砖，数学也可以很简单。

那么，怎么学才简单呢？可从以下几个方面做：

首先，要端正学习数学的态度，调整好心态。对于数学成绩不好的学生，特别是文科生来说，数学是一个比较大的挑战。有时候并不是真的学不好，问题出在心理上，比如以前数学不好，就对数学失去信心，不愿意学了，或者一提到数学就发憷，这就是心理和态度的问题。我们要相信自己的能力，起码是考试的能力，不妨常对自己说："付出总会有回报，我已经在数学上花了很多时间和精力，我的付出一定会和我的所得成正比。"时常鼓励自己、肯定自己，首先在气势上就赢了。

其次，我们还要树立"数学有用"的思想。即便我们将来从事的工作跟数学离得十万八千里，也离不开数学的思维。曾有一位名人诉苦说，他的文科专业出身的秘书为他草拟的工作报告，虽然文采很好，可是华而不实，

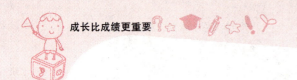

缺乏逻辑性，不能令他满意，因此他只得经常自己执笔起草，对秘书很失望。可见，即使将来从事文秘工作，也要有较强的科学思维能力，才能游刃有余，而学习数学就是最好的思维锻炼。实际上，学习数学更重要的是接受数学思想、数学精神的熏陶，提高自身的思维品质和科学素养，这些能让我们受益终身。

第三，要掌握学习数学的方法。数学学习应该从最基础的东西开始，因为数学的每一个理论或者每一个环节都是以前一个基础理论为前提的，是环环相扣的理论链的关系。所以理论知识要扎实，要重视数学概念的理解，牢记那些定理、推理之类的知识。还要从整体上把握数学的思维体系：数形结合、函数思想、分类讨论、方程思想。从整体上把握，就不会陷入细节的混乱之中。

最后，就是要培养良好的数学学习习惯。比如课内重视听讲，抓住基础知识和基本技能的学习，课后及时复习，把知识的点、线、面结合起来交织成知识网络，纳入自己的知识体系。平时还要适当多做题，养成良好的解题习惯，熟练掌握各种题型的解题思路。开始可以从基础题入手，以课本上的习题为准，反复练习打好基础，再找一些课外的习题，以帮助开拓思路，提高自己分析、解决问题的能力，掌握一般的解题规律。

成长睿语

科学家克莱因说："唱歌能使你焕发激情，美术能使你赏心悦目，诗歌能使你拨动心弦，哲学能使你增长智慧，科学能使你改善物质生活，但数学能给你以上的这一切！"我国教育家王金战说："数学很有意思，代数里的运算、变形，到处透着智慧的光芒；几何里各种各样的图形真是美不胜收，严谨而富于思考的推理证明令人叹为观止；三角函数里变换无穷的公式，虽然有点令人望而生畏，可是其万变不离其宗的技巧、优美的函数曲线，又让我爱不释手……一句话，因为数学很美，所以我爱上了它！"数学是有用的，数学是美丽的，赶紧去学习、去发现吧。

学好英语并不难

　　当下的时代，英语对很多人来说越来越重要了，因为随着社会的发展，各行各业与国外的业务越来越多，联系越来越频繁，英语作为世界通用语言，前所未有地重要。学习英语也成为一种社会潮流，不管是中学生还是大学生抑或已经参加工作的人，都抱着英语书在念 ABC。不过，英语似乎也没那么好学，中学生说难，大学生说难，普通英语学习者也在说难。英语毕竟跟我们的生活、文化有点远，所以学起来有些吃力。而针对青少年的相关调查显示，现今众多青少年对学习英语感到非常棘手，普遍反映"英语是它认识我，我不认识它"。尤其是单词、听力、语法、语感、阅读理解以及写作六座"大山"，成为中学生心中"不可能完成的任务"。所以，英语学习"困难户"也不在少数。假如你也是其中之一，那就没什么自卑的了，也没必要很着急，这么多人跟你同路呢！

　　任何一门学科，都有它的规律性，只要我们能掌握它的规律和特点，它就不是大山，不是老虎，不是啃不动的骨头，也不是完不成的任务。英语也是这样，掌握了学习的规律和窍门，学好它也没那么难。

考入北京大学法律系的一位同学，曾经这样介绍自己的成功经验：

英语是一种语言，语言运用的最高境界就是四会——听说读写，因此相应的，要耳到口到眼到手到。很多同学在学英语的时候往往只是用了眼睛、或者用了手、用了嘴、用了耳，用了某一个器官，而没有想到在一个单位时间里，其实可以五官并用，这样可以提高自己学习英语的效率。我称之为"五官并用法"。

那么具体是怎么做的呢？拿到一个有声文本，我一般会进行五遍听音。第一遍，进行听音不看文本，第二遍，把自己听到的东西写下来，进行听写。第三遍，一边放录音，一边对照文本，看自己所听写的内容和原文本有什么差距，尤其是要注意自己写错的和没有听出来的地方。第四遍，一边听文本，一边进行跟读，即看文本、听录音，跟读。第五遍，不看文本，听录音，进行跟读。

看，这就是窍门。当然，她也是根据英语学科的特点和规律摸索出来的。你要认真钻研，肯定也能找到属于自己的学习诀窍。

那么，我们来看一下英语的主要特点和重要的学习方法吧。

单词。单词是英语的基础，也是关键，就像我们语文里的生字，如果我们不能学会很多字，那后面的句段篇也无从谈起。记忆单词在英语学习中是第一重要的事情，而常常有人哀叹"词海茫茫"，看不到成功的彼岸，其实只要方法科学，就能在有限的时间里扩大记忆量。比如社会生活常用词和热点词语出现的频率总是高于其他词汇，我们在平时的阅读中，对它们会很"面熟"，我们先不要刻意去记忆它们，再看到这样的词，凭直觉就能判断它是否该重点记忆。陌生的单词，往往记住后又忘了，但也不必担心，我们可以遵循人的"遗忘规律"来学习生词。遗忘规律又称之为"艾宾浩斯保持曲线"，即记忆在脑中的遗忘是由快到慢的，第一次记忆的东西忘得最快，而第二、第三次再记忆，就忘得慢了，所以记忆单词不要期望一次成功，第一天忘记了第二天再记，一个生词，有五次记忆就可以长久保持了。

这五次不是连续记忆，而是隔开记忆，快忘记的时候进行第二遍记忆，以此类推。相反，如果对着一张词汇表或一本字典狂背，也许一天能背一两百个单词，但"回生率"会很高，过后就忘了。花太多时间来单纯记单词，只会加重负担。

语法。很多人觉得语法搞得人头大，太繁杂了，难记。其实语法并没有想象中那么可怕，不用抱着什么语法书猛啃，只需要平时跟着老师走，吃透每一块语法，稳扎稳打，各个击破，就足以应付考试了。要想更轻松地掌握语法，那就应培养语感，就像我们的语文学习一样，可能我们根本不懂一些语法，但题目还是照样能做对。语感可以说是对付考试的"无形刀"，刀到题倒，分数就是我们的了。因此，提高阅读水平、培养语感是学习语法的快捷之道。语感一具备，有的题只要读一读，光凭"感觉"就可以做对了。

听力。关于听力，可以说捷径不多，唯一的窍门就是多听。只有多听才能迅速提高听力水平。我们可以买一些相关的听力训练录音带，反复练习，也可以在闲暇的时间里多听，比如走在路上听，坐在车上听，睡觉之前躺在床上听等等。另外，也可以听广播、看相关电视节目。临考前的一段时间，可以每天坚持听上20分钟，这样有利于保持良好的听力状态。

写作。写作能力的提高是一个日积月累的过程，我们可以按照这个步骤来练习：抄写——英汉互译——课文仿写——命题写作——自由写作。前两步在于巩固生词和基本句型，第三步是熟练掌握句子，仿写课文是一种很有效的写作练习方式，后两步难度高一些，是能力的提高阶段。英语写作也跟汉语写作一样，需要平时熟背一些范文，收集一些好的词汇、优美句子，在写作时灵活运用。

口语。口语对中国学生来说，是一个"疑难杂症"，因为语言环境的缺失，很多人无法迅速而有效地提高口语水平。要想会"说"英语，我们可以这样做：首先是加强听力训练，除了必要的课堂上的听力练习，还可以看相关视频、英语电影或听英语广播，因为要将语言知识转化为语言能力，特别是表达能力，首先要强化听力训练。其次是主动创造环境进行口语训练，比如创办英语角或英语口语俱乐部，和同学一起练习口语。有条件的同学，

可以交一些外国朋友或请外语家教，进行口语的强化练习。另外就是要多开口，敢开口，多与人对话，即使说不标准也没有关系，不要担心说不好。

成长睿语

在当今世界上，说英语的人数已经超过了任何语言的人数，10 多个国家以英语为母语，45 个国家的官方语言是英语，世界 1/3 的人讲英语。全世界 75% 的电视节目是英语，3/4 的邮件是用英语书写的，电脑键盘是英语键盘，国际性会议都是用英语作为官方语言……你还觉得英语学不好无所谓吗？

向生活致敬，师法自然

俗话说，活到老学到老，我们需要学习的东西很多，但在学校里或者以其他方式集中学习的时间却很少。漫长的人生，不可能都有人授课，不可能都有人教你。我们更多的学习，是通过大自然、通过社会生活进行的。我们每一天所接触的人、事、物，可能都是我们学习的对象，是我们知识的源泉。

中国有句古话叫"师法自然"，就是说我们要向大自然学习，以生活为师。特别是在艺术方面，尤其强调这一点。比如清代著名画家郑板桥就强烈主张师法自然，强调向生活学习。著名画家李可染说："大自然是一个无限的东西，是永远探索不尽的，到生活中去是第一位的，生活才是文艺创作的取之不尽、用之不竭的唯一源泉。"其实在其他方面也一样，比如人类在多处运用到了蜂窝的六边形结构，飞机是根据鸟的结构制造的等等。

而大自然中蕴含的哲理更是不胜枚举，有作家写道：

黑夜洁白的昙花一现，那是在叫我们要珍视生命的短促和瞬间的纯美！

成熟的稻穗低垂着头，那是在教我们要谦虚！

荒郊野外依然吐绿纳翠的小草，那是在教我们要淡泊名利！

寒冬傲然挺立风雪之中的青松，那是在教我们要坚强！

群蚁搬走大它数倍的大虫，那是在教我们要团结！

花丛间穿梭不停的蜜蜂，那是在教我们要勤劳！

温柔的水珠滴穿石阶，那是在教我们要坚韧！

忠于职守的太阳每天都绽开笑脸，那是在教我们要乐观！

容纳百川的大海，那是在教我们要豁达！

生物的遗骸终归为土，那是在教我们不要忘本！

……

是啊，大自然是人类的"特级教师"，它给我们上过许许多多优质课，一节比一节精彩，一堂比一堂更使人受益无穷。只要你认真观察就会发现，大自然蕴藏着许多"天机"。我们生活在其中，理应向它学习，做一个谦逊的学生，你会从它那儿得到更多的智慧。

我们每一个人，在童年的时候都认真观察过大自然、探究过大自然，在大自然里欢乐地蹦跳过，在风里跑过，在河水里嬉戏过……只是随着年龄的增长，我们似乎远离了大自然，不再注意它，也不再去观察它。不过即便如此，大自然还是遵循着它的规律，给你惊喜或者烦恼：春天来了，万物复苏让你心情畅快；夏天来了，酷暑炎热让你皱起眉头。有充满希望的时候，也有失望焦灼的时刻。如果你明白了这个道理，就会发现心胸开阔了，见识增长了，遇事沉稳了，而这，不正是我们最好的成长吗？

向自然学习，活学活用，我们将受益无穷。

而我们每一天的生活，更是我们知识的源泉。静下心来想一想，我们现在赖以生存的那些能力、品行等，有哪些是向生活学的，有哪些是向课本学的？相信大多数人都会说，大部分能力、品行都是从生活中学来的，父母教我们的，遇到的事情启发我们的，快乐或挫折赐予我们的。其实人的成长，更重要的是向生活学习，真正有用的学习，也是向生活学习。

▌▌▌▌ 一位爸爸曾这样介绍他的教育经验：

女儿与亲戚家的两个女孩年龄相近，常常在一起玩耍。我让她们多进行一些比赛、交流。这中间，女儿在有些方面强，有些方面弱，比赛中难免有伤心生气的时候。于是我引导她，人都有长短，要坦然接受自己某些方面不如别人，在这些方面要向别人学习。不要比不过别人就生气难过，也不要因为自己某一方面强就骄傲自大。女儿现在渐渐地做到了：胜不骄，败不馁。社会上竞争是难免的，从小就应该让孩子学习适应竞争，培养他们良好的心态，明白竞争有很多好处，失败也没有什么大不了，只要改正，并且再次努力，就会成功。

有人说生活就是一部百科全书，里面有无穷无尽的智慧。是的，一点也不错。生活会给予你灵感，让你去创造世界；生活会给予你感情、温情、深情，教给你生活的真谛；生活会给予你雪亮的眼睛，让你看清这纷繁的世界，保持清醒的头脑，充满智慧和力量。生活更像是一位孜孜不倦的老师，教我们走好人生之旅所有的路程。

不过，遗憾的是，在我们现行的学校教育中，有的老师并没有告诉我们这些，让我们对此不敏感、不在意。而学校教育的内容几乎90%以上都限定在向书本学习。可以说这是很危险的，如果只会读书考试，将来到了社会上，到了生活中，很多本事都不会，学了很多没用的东西，那就惨了。

有段话说得非常好：生活是最好的大学，生活是最好的老师。向生活学习，通过实践学习，得到的不仅是知识，而是智慧！学校给我们的只是知识，真正让我们成功的不是知识，而是智慧！所有的灵感和感悟，都来自对生活的热爱，对激情的渴望！

谁说不是呢？课本上的知识是美好的，而生活更美好。我们要向课本学习，更要向生活学习。向生活学习更有趣、更快乐、更深刻、也更有用！正像巴尔扎克说的：生活是最过硬的。向生活致敬，是真正有大智慧的人。

▨▨▨▨ 成长睿语 ▨▨▨▨

自然是一本无字的天书，生活是智慧的摇篮。向生活致敬，师法自然，活出一分洒脱，活出一分自信，活出一分极致的光辉亮丽，让生命灿烂每一天，美好每一天，是成长，更是成熟。

第三章
好品质铸就好未来

责任，这是一个大家都不陌生的词，但对之有深刻理解和感受的人并不多。也许是大家的年龄还小，还无法领悟这个词的意义。不过你或许常常能听到诸如这样的形容，"责任重于泰山"，"责任重大"，"某某要对什么什么负责任"，等等，从这里面我们也能大概明白，责任究竟意味着什么。有责任心，是一个人优秀的品质之一，具备强烈的责任心不仅能得到别人的欣赏、肯定、支持，还是成大器的基础。

责任心通吃一切

一位大公司的老板曾经讲过这样的故事：

有个年轻人来他公司应聘，经过面试，他觉得年轻人并不适合他们公司的工作。因此，他很客气地和年轻人道别。然而，当年轻人从椅子上站起来的时候，手指不小心被椅子上冒出来的钉子划了一下。于是他顺手拿起老板桌子上的镇尺，把钉子砸了进去，然后和老板道别。就在这一刻，老板突然改变了主意，他决定聘用这个年轻人。

事后，这位大老板说："我知道在业务上他也许未必适合本公司，但他的责任心的确令我欣赏。我相信把公司交给这样的人我会很放心。"

看看吧，仅仅因为他有责任心就留用了他。并不是他很合适，也并不是他的能力强。中国实战管理培训专家、清华大学继续教育学院特聘教授杨宗华就曾写过两本书，专门讲责任的重要性，以此帮助更多的人走好职业之路、生活之路。我们不妨来欣赏一下书中的精彩内容：

在这个世界上，每一个人都扮演着不同的角色，每一种角色又都承担着不同的责任，从某种程度上说，对角色饰演的最大成功就是对责任的完成。

责任是一种与生俱来的使命，它伴随着每一个生命的始终。

一个民族不负责任，就会没有希望，最终没落；一个组织不负责任，就会作茧自缚，失去客户，最终倒闭；一个人不负责任，就会被人轻视，失去信任，碌碌无为。

对于民族而言，只有每个人都承担责任，做民族的脊梁，这个民族才能真正崛起！

对于组织而言，只有每个人的责任汇聚为整个团队的价值，这个组织才能持续发展、持续进步，才会真正具备核心竞争力！

对于个体而言，只有他选择责任、承担责任、坚守责任，这个人才能真正增强内控力，成为强者！

一个缺乏责任感的人，或者一个不负责任的人，首先失去的是社会对自己的基本认可，其次失去了别人对自己的信任与尊重，甚至也失去了自身的立命之本——信誉和尊严。

所以，我们要从小开始培养责任心，从现在开始培养责任意识。

未来的社会，竞争日益激烈，对人才的要求也越来越高。而责任意识、责任能力是人的基本素质之一。没有责任心的人无论在哪里都会一事无成，无助于社会。每个人都肩负着责任，对工作、对家庭、对亲人、对朋友，我们都有一定的责任。责任心是做人、成才的基础。

遗憾的是，现在的孩子绝大多数是独生子女，由于家庭对他们的过分关心和宠爱，形成了他们以自我为中心的依赖心理，对责任感认识不清、责任心不足。比如对父母为家庭生活的辛苦劳作不闻不问，对他人的遭遇和困难冷淡、漠视，不懂得理解他人的感情，不能体谅别人的痛苦和难处等等，对自己、对父母、对他人、对班级都不负责任。其实这是很危险的，因为这样的行为会把我们带到人格不健康的道路上去。

反省一下自己的行为吧，有则改之，无则加勉。

那么，我们该怎样在生活中培养责任心呢？

首先，要敢于为自己的行为负责。特别是做错事的时候，不要推卸责任，要勇于承认错误，承担责任，不找借口，没有理由。只有这样，我们才不会再犯同样的错误。当你勇于承担责任的时候，你会发现，别人对你的惩罚也会减轻很多，因为没有人不给有责任心的人改正错误的机会。

其次，自己的事情自己处理。自己处理自己的事情，是培养责任心的最好方式，一个人，只有先对自己负责才能更好地对别人负责。比如自己洗衣服、打扫自己房间的卫生、管好自己的学习等等，不让父母包办，不给父母增加负担。古语云："一屋不扫，何以扫天下？"是啊，对自己都不负责任，对别人能负责任吗？

最后，关心身边的人和事。培养责任感，要从生活中的小事做起，关心身边的人、身边的事。美国心理学家弗洛姆说："责任并不是一种由外部强加在人身上的义务，而是我需要对我所关心的事件做出反应。"我们要自发主动地去关心身边的人和事，承担自己应该承担的责任，正如梁启超所说："凡属我受过他好处的人，我对于他便有了责任；凡属我应该做的事，而且力量能够做到的，我对于这件事便有了责任；凡属于我自己打主意要做的一件事，便是现在的自己和将来的自己立了一种契约，便是自己对于自己加了一层责任。"

有了责任心，我们还怕没有好前程、好未来吗？你尽可放心，责任胜于能力，责任心通吃一切。

▓▓▓ 成长睿语 ▓▓▓

爱默生说："责任具有至高无上的价值，它是一种伟大的品格，在所有价值中它处于最高的位置。"科尔顿说："人生中只有一种追求，一种至高无上的追求——就是对责任的追求。"这些名人名言，无一不是在告诉我们，责任心，我们忽视不得；责任心，是人生的闪亮徽章。

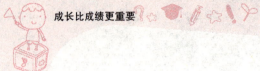

诚信是成大事的基础

商量好了周末去打球，到时间却爽约。信誓旦旦地告诉你，肯定能给你搞到一张演唱会门票，到了演唱会都开始了还没见到票。明明承诺了这次考试成绩好的话出去旅游，考好了却借口忙，不去了……让人郁闷吧？烦人吧？下次再也不会相信他了，以后对他们的话都不听了。

可以说，这样的事情在我们身边时常发生。然而，只要发生一次，当事人就会给我们留下恶劣的印象，让人反感和讨厌，下次就不会轻易相信他了。是的，仅仅一次，就足以毁掉形象、信用、机会，甚至人生。

这不是危言耸听。虽然生活中的小事不会对我们有深远影响，但诚信的品质却是在小事中积累起来的，诚实守信是在不知不觉中锻炼出来的，一旦你没有积累，没有去培养，有一天，不诚信将会像一棵在角落里偷偷生长的树，茂盛起来的时候已经晚了，再想除掉难上加难。

小时候我们学习"狼来了"的故事，那个小孩不就是这样丧命的吗？历史上的"烽火戏诸侯"，不就是这样国破人亡的吗？

还有这样一个发人深省的故事：有一名德国留学生，成绩非常优秀，但毕业后，到处求职都得不到聘用。这是为什么？原因很简单，因为他的档案记录表明，他曾经三次乘公共汽车逃票。

也许你会觉得很可笑，说不定自己也干过这样的事情呢！可是，这是真事，发生在德国。随着社会的发展，你保证它不会发生在中国吗？你保证你不会出国留学吗？都不一定。唯一肯定的是，不诚信会埋下可怕的种子，祸患无穷。

不被信任的人是可怜的、可悲的，同时也是可恨的，因为他之所以不被信任，是因为他做过不诚信的事。失去诚信，必定失去发展的空间，失去坚强有力的支持，失去人格和尊严。

诚信是人的立身之本，是全部道德的基础，是一个人最宝贵的财富。

生活中，不管在哪一个方面，都要讲究诚信，比如朋友需要诚信维持关系，商业需要诚信维持生计。诚信能够帮助你获得事业上的成就，也能让你获得生活上的快乐。

有这样一个经典的教育故事，也许有人已经读过了，但还是要拿出来同大家分享一下：

在美国华盛顿州塔科马市，10岁的汉森正与小朋友在家门口的空地上玩棒球。一不小心，汉森将球掷到了邻居的汽车上，把车窗玻璃打碎了。其他小朋友见闯了祸，都吓得逃回了家。汉森呆呆地站了一会儿，决定亲自登门承认错误。刚搬来的邻居原谅了汉森，但还是将这件事告诉了汉森的父母。当晚，汉森向父亲表示，他愿意用替人送报纸储蓄起来的钱赔偿邻居的损失。

第二天，汉森在父亲的陪同下，又一次来到邻居家，说自己愿意赔偿车窗。邻居看着小汉森，笑着说："好吧，你如此诚信，又愿意承担责任，我不但不要你赔偿，还乐意将这辆汽车送给你作为奖赏，诚信的品质最可贵。反正这辆汽车我也打算换掉了。"

真是让人不敢相信，汉森惊讶极了。回到家，汉森要求父亲请人修理好了车窗，把车子当成宝贝。由于汉森年纪还小，这辆汽车暂时由他父亲保管着。不过，汉森经常给车子洗尘打蜡，非常珍惜。他经常倚在

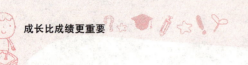

那辆 1978 年出厂的福特"野马"名车旁边说："我恨不得快快长大，好驾驶这辆汽车。我至今仍然不敢相信它是我的。"汉森还说："经过这个事件，我更懂得了诚信是多么可贵。"

诚信就是财富，切切实实的财富。你还会不相信吗？

诚信，也是中华民族的传统美德，几千年来，受到人们的自觉信奉和推崇。然而时至今日，这种美德似乎在逐渐流失。出现了许多令人骇然的事：假烟、假酒、假文凭、假职称、假种子……不胜枚举，这都是不诚信的产物，终究伤害的都是我们自己。所以，有识之士都在呼吁建立诚信社会。

也许你看到这些会灰心，会产生怀疑。可是，你会跟一个不诚信的人做朋友吗？你会去一个没有诚信的公司上班吗？你会喜欢一个谎言连篇的人吗？你会跟一个说话不算数的人合作吗？不会。你要相信，人人心底都对谎话和骗局深恶痛绝，社会终会向一个好的方向发展，文明会有曲折，但会一直积极向前。诗人海涅说："生命不可能从谎言中开出灿烂的鲜花。"我们要相信，只有做一个诚实守信的人，才会有更好的未来和发展。诚信是成大事的基础，这一点毋庸置疑！

成长睿语

英明的君主为了挑选未来的国王，把花籽分发给参选的孩子，让他们带回去种在花盆里。三个月后，许多孩子都捧来美丽的鲜花，国王最后选中的却是一个手捧空花盆的孩子。因为国王分发的花籽都已炒熟不会发芽，他要考验接班人的诚实品质。如果你也想有所作为，那就先做一个诚实守信的孩子吧。

真诚热忱让你左右逢源

我们常常会发现，在一个班级中，那些最受欢迎的人往往不是学习最好的人，而是那些真诚对待同学、对老师和同学都很热心的人；最有人缘的人，也是这些人。这样的现象同样存在于其他组织或者团体当中，不管是在一个单位里、公司中，抑或什么临时性的组织内，受欢迎的永远都是那些真诚热忱的人。想想也是，我们会不愿意亲近一个对人很真诚、做事很热忱的人吗？

俗话说，以诚学习则无事不克，以诚立业则无业不兴。真诚能够使我们广结善缘，使人生立于不败之地。而在人际交往中，人们心底所渴望的永远都是彼此真诚。

有一首赞美诗，曾这样写道：

我非常贫困，一无所有。

我唯一的财富是我的真诚。

我唯一的满足是我的真诚。

我唯一的骄傲是我的真诚。

因为有了真诚，我的头从不低下。

因为有了真诚，我的眼光从不躲闪。

我的真诚使我的一生没有悲哀，没有痛苦，没有悔恨。

愿我真诚的生命永远闪光。

真诚是一种不加掩饰、不加遮盖的透明，是一种没有面具、没有虚伪的坦露。

真诚是一种优雅，是一种宁静，是一种圣洁，是一种美好，是一种淡泊，是一种成熟。

在你的人生中，多一分真诚，就多一分自在；多一分真诚，就多一分坦率；多一分真诚，就多一分祥和。

诗歌是美丽的，真诚更是美丽的。真诚，可以让你的人生如诗一般美好。

词语有"非诚勿扰"，电影名字有"非诚勿扰"，电视节目有"非诚勿扰"，这里的"诚"都是"真诚"。

▓▓▓▓ 真诚是我们的传统美德，在中华文化中源远流长，比如我们熟悉的"三顾茅庐"的故事，或者我们不太熟悉的"巢谷看望苏轼、苏辙客死他乡"的故事，都是自古以来的美谈。而在国外，也是一样。

在 19 世纪的苏格兰，有一天，一位名叫弗莱明的农民救了一个掉到深水沟里的孩子。被救孩子的父亲——一位气质高雅的绅士来酬谢他："我是被你救起的孩子的父亲，我今天特地过来向你表示感谢。"农民真诚地说："我不能因救起你的孩子就接受报酬。"后来，绅士经农民的同意把农民的儿子带到城市里接受最好的教育。绅士说："如果这个孩子能像你一样真诚，那他将来一定会成为让你自豪的人。"

数年后，农民的儿子从圣玛利亚医学院毕业，发明了抗菌药物盘尼西林，一举成名。

再后来，绅士的儿子，也就是被农民从深水沟里救起来的那个孩子染上了肺炎，在生死边缘，有一种药救了他的命，这种药就是盘尼西林。

你知道这位绅士的孩子是谁吗？他就是二战时期英国著名首相丘吉尔。

这就是真诚的力量。真诚待人，别人也会真诚待你。弗莱明因为真诚才让自己的儿子有了成才的机会。老丘吉尔也因为真诚才挽救了自己儿子的生命，并使之成为 20 世纪最有影响的人之一。

热忱也是一样，热心对人，人也会热心对你。成功学大师卡耐基曾说："一个人成功的因素很多，而居于这些因素之首的就是热忱。"他也常常把他所说的话应用在自己的生活中，因此才有无数的听众、读者、崇拜者和追随者，他把自己的成功归结于热忱的力量。

一个热忱的人，在工作上也会表现得不一样，不论是种地、上班或者当老板，他都会投入巨大的精力和兴趣。这样的人，怎么会不成功呢？爱默生说："有史以来，没有任何一件伟大的事业不是因为热忱而成功的。"事实的确如此。

任何的对立与冲突，都能在真诚热忱的言行中化解；任何怨恨与不满，都能在真诚热忱的关怀中消融；任何困顿厌倦，都能在真诚热忱的鼓励中消逝；任何猜忌误会，都能在真诚热忱的交流中解除。

真诚犹如个人品格中一颗闪光的钻石，让你的形象璀璨无比，无论在任何环境中，都能让你左右逢源。

成长睿语

富兰克林说："一个人种下什么，就会收获什么。"所以，当我们付出真诚热忱时，世界回报我们的也是真诚热忱。中国有句古话叫"天时不如地利，地利不如人和。"人和比天时、地利都重要。怎么才能"人和"？那就是彼此做到真诚热忱。真诚热忱会从内到外让我们充满魅力，从而左右逢源，人和事和。

懂礼貌是必不可少的素养

我们从小就被教育要对人有礼貌，要懂得礼节，上幼儿园的时候被老师一遍一遍灌输"要做个懂礼貌的好孩子"。可还是有很多孩子、很多年轻人被指责"没礼貌""现在的孩子真是没教养""没规矩"等等。可不是吗，有很多人没有学会用"谢谢""对不起""不客气""请""麻烦您了""很抱歉"等礼貌用语，还有很多人见人不打招呼、习惯性骂人、口出恶言等等。

人是一个社会动物，生活在这个世界上，不跟人打交道是不可能的，这个世界是靠着"联系"运转的，人与人之间每一天都在发生着各种各样的联系。在这中间，礼貌是每一种人际关系的打头炮，你对别人没礼貌，就不可能获得别人对你的尊重和跟你合作，没人愿意跟你一起活动，你的人生也随之寸步难行。

不是吗？对父母长辈要有礼貌，对老师同学要有礼貌，对邻居朋友要有礼貌，对陌生人也要有礼貌。对哪一个人没有礼貌，你都可能会遇到不顺心的事情，甚至会惹出事端带来灾祸。

媒体报道：

在某市的一个网吧里，发生了一件命案，死者王某为某中学学生，打死人的李某为汽车修理厂员工。事情的起因是王某跟几个同学去网吧上网，因为坐在同一排的李某身体肥胖，把过道占了一半，他们到里面去的时候不顺畅，王某就小声嘀咕，说李某是个"死胖子"，王某的同学小景甚至骂李某为"一头肥猪"，这些话让李某听到，发生了争吵，随着争吵的升级，双方就打起来了。结果，李某失手打死了王某……

可怕吧？仅仅说了两句不该说的话，命就没了。这就是没有礼貌造成的悲剧。

而这样的事情，生活里我们常常遇到，虽然没这么严重，但给当事人造成的困扰也很大。

如果是一个懂礼貌的孩子，还会发生这样的事情吗？一个懂礼貌的人，说话做事往往让人感觉很舒服。他们不会出口伤人，不会给人带来难堪；他们懂得谦让、懂得商量。一个懂礼貌的人，是受大家欢迎的人。

中国自古以来是世界闻名的礼仪之邦，"礼"是中国文化的突出精神，也是中国古代伦理思想的基本概念之一。《礼记·冠义》上讲："凡人之所以为人者，礼义也。"把"礼"看做是人与动物相区别的标志。孔子说："不学礼，无以立。"礼貌、礼让、礼节是中华民族的传统美德，好礼、有礼、注重礼仪是中国人立身处世的重要美德。

所以，礼貌是一个人素养中最重要的部分。礼貌也能直接反应你的形象和精神面貌。在任何一个场合，家庭、学校、单位、商场、公园等等，礼貌都必不可少。做一个懂礼貌的人，是为自己的形象加分，也是为人格加分，为人生加分。

那么，如何做一个懂礼貌的人呢？

首先，加强思想认识，重视文明礼貌。我们要澄清一些糊涂观念，树立一个正确的认识，不能认为礼貌是无所谓的事情。比如现在很多人认为"人心不古"，办事合作都不像以前那么简单，在这样的环境下，如果再没有礼貌，说话不客气，不懂得尊重人，我们还怎么"混"呢？远的不说，就说你生活中的网上打游戏这件事，没有礼貌都会让其他人鄙视你。有个游戏高手就

曾讲过这样一件事："有一天好心带人试练，有人申请入队，是个100级的，虽然有点困难，但我还带得动，就带他打。等辛辛苦苦全部打完，人家回头就和家族里的人聊天，理都没理我。现在的孩子还真是，难道连声谢谢都不会说吗？父母溺爱那是惯着你，不要以为别人也欠了你，以为索取天经地义，不知感恩，这样的人要遭到鄙视的，是没出息的。"连打个游戏都这样，其他情况和场合还用说吗？

其次，我们要养成使用礼貌用语的习惯，比如"谢谢你""对不起""没什么，别客气""我很乐意帮忙""应该的""请原谅""打扰了""请稍候"等等，在平时跟别人打交道的时候要多用。学会使用礼貌用语，有礼貌就做到一半了。

第三，从内在调整心态和处世方式。"礼"根源于人的恭敬之心，辞让之心。一个正直、善良的人，一般会表现出礼貌的言行举止，比如待人亲切、直率，说话和气、讲理。所以我们要从内在修养来提高礼貌水平，比如能容忍不同的意见，避免过激反应，尊重别人的信仰、习惯等。

《诗经》言："人而无礼，胡不遄死？"翻译成现在的语言就是："人如果没有礼貌，为什么不马上去死呢？"这说得有点严重，但我们可以看出，礼貌自古以来的重要性。做一个懂礼貌的人，做一个受欢迎的人，何乐而不为呢？

▏▏▏▏ 成长睿语 ▏▏▏▏

书上解释说，礼貌是人类为维系社会正常生活而要求人们共同遵守的最起码的道德规范，它是人们在长期共同生活和相互交往中逐渐形成的，并且以风俗、习惯和传统等方式固定下来。对一个人来说，礼貌是一个人的思想道德水平、文化修养、交际能力的外在表现。如果你想成为一个有作为的人，不懂礼貌是做不到的。

尊重他人是成就卓越的必备品质

你会不会常常遇到这样的情形：

有一个不用补课不用上培训班的周末，你想跟同学一起出游或者看电影，或者干其他事，但妈妈却想让你和她一起去姥姥家。好不容易有休息的机会，你想跟同学一起疯一疯，但妈妈觉得好久没去看姥姥了，正好有空一起去。两个人的意见不统一，怎么办？妈妈说，尊重你的选择，你自己决定吧。然后你很高兴地跟同学一起去玩了，说以后再去姥姥家。

跟同学一起出去玩，同学想去公园玩滑板，你想去跳街舞，同学说，尊重你的选择，一起跳。于是高高兴兴地出发了。

这个周末过得很愉快吧，很开心对不对？都按照自己的意愿去 happy 了。但假如妈妈非要让你去姥姥家呢？假如同学非得去玩滑板呢？这就郁闷了吧？

你的意见没得到尊重，你的想法没得到尊重，肯定会使你不愉快。没有人希望别人不尊重自己。

反过来也一样，我们不尊重别人，也会使别人不愉快，那么别人也肯定不会尊重我们。而如果我们尊重别人，别人也会尊重我们。

人生活在这个世界上，谁也不可能像一座孤岛，远远地跟别人不产生联系，我们都要与他人相

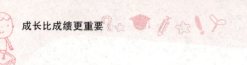

处，都希望做一个被人尊重和受欢迎的人。那么，我们首先就应该学会真诚地尊重他人。

▊▊▊▊ 有这样一则故事：

一个衣衫褴褛的铅笔推销员，在大街上艰难地推销自己的铅笔，像个乞丐一样。有位商人看到后，很同情他，于是不假思索地将10元钱塞到他手中，而后扭头走了。但没走几步，商人突然觉得这样做不妥，赶忙返了回来，很抱歉地跟推销员说自己忘了取铅笔，希望对方不要介意。另外，他还郑重其事地对推销员说："您和我一样，都是商人。"一年之后，这位商人在一次商务活动中，遇到了一位西装革履、风度翩翩的推销商，这位推销商向他敬酒，很感激地说道："您可能早已忘记我了，而我也不知道您的名字，但我永远不会忘记您，您就是那位重新给了我自尊和自信的人。我一直觉得自己是一个推销铅笔的乞丐，直到您亲切地对我说，我和您一样是商人。"

很让人感动的故事。但假设当初那位商人没有意识到衣衫褴褛的推销商更需要的是尊重，那会是什么结果呢？仅仅是简单的一句话，竟使一个自卑的人树立起了自尊，使一个处境窘迫的人找回了自信，使他看到了自己的价值和优势。这就是尊重的力量。

尊重比同情更重要，比怜悯更重要，比金钱更重要。

尊重他人是一种高尚的美德，是个人内在修养的外在表现。它反映的是一个人的文化素养，道德修养，也是人所必须具有的品质。

在现代社会，我们每天总会在各种场合同各种各样的人打交道。如何打招呼、作介绍、交谈、待客、送客等等，都涉及尊重他人的问题。尊重他人是交往的基础，尊重可以产生信任，信任可以使双方打开心扉，可以让不是朋友的人变成朋友，可以让原本不可能办成的事能够办成；相反，不尊重他人，可能什么事都办不成。

无论是在学习、工作还是生活中，无论是对同学、老师、领导、同事，或是对邻居、朋友甚至家人，都应该自觉主动地尊重他人，因为每一个人都希望得到他人的尊重。

遗憾的是现在很多"小皇帝"们，在这方面做得很差，比如不管爸爸妈妈和自己说什么，总是根据自己的心情回应，心情好的时候，就耐心地听，心情差的时候不仅不听，还大喊大叫。对周围的邻居呢，见面的时候从来不打招呼，就像没看见一样，家里来了客人，也不主动问好。在学校里，总是不经过别人的允许就擅自动别人的东西，或者捉弄人，喜欢给班上的同学、老师起绰号等等。

这种不尊重他人的行为，当然也不会得到别人的尊重。常言道：送花的人周围都是鲜花，种刺的人身边都是荆棘。其实，尊重他人就是尊重自己，因为尊重别人也会使别人对你肃然起敬。

人与人之间的交流，都应建立在真诚与尊重的基础上。尊重他人不仅仅是一种态度，也是一种能力，它需要我们设身处地为他人着想，给别人面子，维护他人的尊严。

我们要从小学会尊重别人，只有这样才能成大器。建议大家从以下几个方面做：

一、不伤害别人，不论这种伤害是恶意还是善意，是有意还是无意。

二、尊重别人的独立性和个性。我们每个人相对其他人都是独立的，这种独立性也决定了大家都是平等的。你对别人讲话要用对等且商量的语气，而不要强势又傲慢。不要轻易说别人的缺点，如果要指责别人的缺点，一定要委婉。各种性格的人都要相互尊重，不要拿别人的性格说事。

三、尊重别人的看法、想法、说法、做法。每个人都有自己的人生观、价值观、世界观，每个人做事的方式、方法也不相同，我们要尊重别人对事情的看法和想法。

四、尊重别人就是不过问、不谈论、不干涉别人的私事。有的人喜欢打问、窥探、评论别人的私事，以此满足自己的猎奇心理，这是不尊重人的表现。

有位作家形容：尊重，如一缕春风，一泓清泉，一颗给人温暖的舒心

丸，它能够催人奋进，成为密切人际关系的黏合剂。它常常与真诚、谦虚、宽容、赞赏、善良、友爱相得益彰，与虚伪、狂妄、苛刻、嘲讽、势利水火不容。给成功者以尊重，表明了自己对成功的敬佩、赞美和追求；给失败者以尊重，表明了自己对别人失败后的同情、安慰和鼓励。懂得尊重，就会有成功后的继续奋进，也会有失败后的东山再起。

一个真正懂得尊重他人的人，必然会以平等的心态、平常的心情去面对所有人，不论他是幸运抑或不幸运、成功还是不成功，而这正是卓越者的品质。

成长睿语

英国前首相、牛津大学前校长哈罗德·麦克米伦曾提出过人际交往的四点建议：尽量让别人正确；选择"仁厚"，而非"正确"；把批评转变为容忍和尊重；避免吹毛求疵。这些建议可以说都是围绕着"尊重"提出来的。可见尊重别人在人际交往中的重要性。而人际交往在我们的生活内容中占有很大的比例，我们万万忽视不得。

学会倾听，懂得欣赏

看到这个标题的时候，你可能会说："懂得欣赏有点难，但倾听谁不会啊，有什么可学习的，有耳朵就能倾听。"真的是这样吗？

你这次考了好成绩，回到家恨不得在第一秒告诉爸爸妈妈，当你进入家门的时候看到爸爸正在看电视，妈妈正在做饭，于是你先告诉爸爸你这次考试成绩不错，爸爸"嗯"了声继续看电视，于是你放下书包去告诉妈妈，妈妈说："知道了，赶紧过来把这盘菜端出去。"这时你是什么感觉，郁闷？是不是还有点生气？

同学新买了一本很好看的书，上学路上，他迫不及待地给你讲书里的故事，可是你脑子里不知道在想着什么事情，你只"哦"了一声，同学问你故事中的人物怎么样时，你还没反应过来，说"你再说一遍"，他还会再说一遍吗？可能有极个别人会再跟你说一遍，但很多人都不会再说了。

看看，你能说爸爸妈妈会倾听吗？你能说自己会倾听吗？要挠挠头打个问号了吧？

倾听，可没你想的那么简单。那么，怎样才算是会倾听呢？

听别人说话的时候，要集中注意力，不要"这个耳朵进那个耳朵出"。不注意别人在讲什么，是最让人反感的。

听别人说话的时候，要注意观察对方的感觉，对方话中的感情是什么样，高兴呢还是不高兴，赞成呢还是不赞成。如果能将对方话语背后的情感复述出来，表示了解并接受他的感觉，沟通便会产生相当好的效果。

听别人说话的时候，要注意反馈。如果别人说半天了，你还没半点反应，这会让人觉得"你到底有没听我说话啊"，对你产生误会。

另外，倾听的时候还要抓住对方话中的主要意思，不要只被个别枝节所吸引。善于倾听的人总是注意分析哪些内容是主要的，哪些是次要的，以便抓住事实背后的主要意思，避免造成误解。

倾听最忌讳的是对谈话内容漠不关心，只听表面语言、忽略感觉，无故打断对方的谈话。

这都是倾听最基本的要求。而我们更应该学习的，是倾听的一些技巧，比如克服自我中心，不要总是谈论自己；克服自以为是，不要总想占主导地位；尊重对方，不要打断对方的话，让对方把话说完，不要去深究那些不重要或不相关的细节；不要激动，不要匆忙下结论，不要急于评价对方的观点，不要急切地表达建议，不要因为与对方有不同的见解而产生激烈的争执；要仔细地听对方说些什么，不要把精力放在思考怎样反驳对方所说的某一个具体的观点上；尽量不要边听边琢磨他下面会说什么，不要使你的思维跳跃得比说话者还快，不要试图理解对方还没有说出来的意思；注重细节，不要了解自己不应该知道的东西，不要做小动作，不要走神，不必介意别人讲话的特点。

这些你是否都能做到呢？

有一位哲人说过："上帝给我们两个耳朵，却只给我们一个嘴巴，意思是要我们多听少说。"外国曾有谚语："用十秒钟的时间讲，用十分钟的时间听。"这都说明，善于倾听他人是非常重要的。在人际交往中，倾听是一种能力，也是一种交流，一个善于倾听的人往往拥有更多的朋友。

心理学研究也表明，越是善于倾听他人意见的人，与他人关系就越融洽。因为倾听本身就是褒奖对方谈话的一种方式，你能倾听对方的谈话，等于告诉对方"你是一个值得我倾听你讲话的人"。有人说："学会了如何倾听，你甚至能从谈吐笨拙的人那里得到收益。"

事实上，在谈话中，任何人都不可能总是处于说的位置上。要使交谈的双方双向交流畅通无阻，就必须善于倾听他人的谈话。善于倾听他人说话的人，懂得"三人行，必有我师"的道理，不仅能够及时掌握对方的信息，弥补自己的不足，不断完善自己，而且能够让对方产生被尊重的感觉，加深彼此的感情，有利于人际交往。

说到"三人行，必有我师"，下面我们接着谈一谈懂得欣赏。其实，"三人行，必有我师"是懂得欣赏的很好的表现。欣赏他人的优点，学习他人的长处，为我所用，使自己得到提高。

遇到一个人，我们要懂得看他优秀的一面，而不是看他短缺的一面，优秀的一面能给我们启示，使我们看到自己的不足，从而借鉴和吸取他人的经验，这就是欣赏。世界上的人各种各样，如果你不懂得欣赏人，看到的全是别人的缺点、恶劣的一面，那么除了给你带来不好的感受，还会让你养成自高自大、孤芳自赏的性格，导致你的失败。这就是懂得欣赏与不懂得欣赏的区别。

不仅仅要懂得欣赏人，更要懂得欣赏生活，欣赏周围的万事万物。这样才能心境美好，心情愉快，并且能让你养成豁达开朗的个性，容易受到别人的欢迎。我们的生活中可能有许多的挫折和烦恼，但毕竟生活中美好的事物也有很多，懂得欣赏，你就会发现生活中美好的东西，比如石缝里的一棵小草，会给你生命的启示；鹤发童颜的老人，能让你感悟沧海桑田，促使你珍惜时光，努力奋进；坚持练步的病人，给你自强不息、顽强拼搏的鼓励。培根说："欣赏者心中有朝霞、露珠和常年盛开的花朵，漠视者冰结心城，四海枯竭，重山荒芜。"这真是非常经典的诠释。

让我们以著名作家林清玄的一篇名为《懂得欣赏》的短文来结束这一节吧，静心读一读，也许能帮助你理解得更深刻：

一个有钱的富人，正在自家的花园里赏梅花。

那是冬日寒冷的清晨。富人像平时一样，睡过温暖的一夜，吃过丰盛的早餐，独自到广大的花园散步。正如同所有的富人早上到花园散步，也如同所有的富人都需要有广大的花园，那是一种身份与财富的象征。有广大花园的富人从不自己种花，他们只是享用园丁辛苦种花的成果，赏花，也就成了生活的例行公事。富人看着花园里百花盛放，正欢喜自己有这样的花园，突然，传来了敲门的声音。富人把花园的门打开，发现一个衣衫褴褛的乞丐，在门外的寒风中冻得发抖。乞丐说："先生，行行好，可不可以给我一点东西吃？"富人请乞丐在花园门口稍稍等候，他转身去厨房，端来一碗热腾腾的饭。当富人布施给乞丐的时候，乞丐突然说："先生，您家里的梅花，真是非常芳香呀！"说完，接过那碗热腾腾的饭，道谢离去。

听到乞丐的话，富人呆立当地，他非常震惊地想着：乞丐也会赏梅花吗？使他更震惊的是，他想到："花园里种了几十年的梅花，自己天天在花园赏花，为什么从来没有闻过梅花的芳香呢！"于是，他小心翼翼地，以一种无比庄严和温柔的心情走近梅树，站在梅树下整个人都空灵了。他终于闻到梅花那幽微、含蓄、清澈、澄明的芬芳，为了自己第一次闻到梅花的香气，他流下了感动的泪水。

纵使最贫穷的人也能赏梅花！而且如果他的心够细腻，会比富人更深地闻到梅花的芬芳。

生命最可贵的是懂得欣赏，而不是拥有。

读懂了吗？有感悟吗？有什么想法去跟朋友或家人交流一下吧。

成长睿语

古希腊有一句谚语：多听少讲有利于统治国家。可见听比说要重要得多，都提高到统治国家的高度了。学会倾听，是一种修养的提高，更是一种能力的提高，它能使我们与周围的人愉快接触，与他人友好交流、沟通。而懂得欣赏，更能让我们在与别人的交往和合作中取得让人赞赏的成绩。

善良如金，是最宝贵的财富

读过这样一个故事：

一个大学毕业生，来到沿海城市找工作，转悠了几天，钱快花光了，"饭碗"还没着落。恰逢当地的人才市场举行招聘会，他赶去碰运气，时近中午，又饥又渴，但他连一瓶矿泉水都买不起。看见别人随处丢弃的饮料瓶子，有的还剩半瓶没喝完，真想拿过来喝上一口，但他忍住了，他只是捡了几个空瓶子，放在背包里，想拿它们换面包当中午饭吃。

当他背着鼓囊囊的背包向外走的时候，被工作人员拦住了，查问他包里装的是什么。他如实回答，声音轻轻的，轻到不能再轻。但工作人员呵斥的声音却大到不能再大："不行，没饭吃也不行，这里不准捡垃圾。"不但如此，工作人员竟然还说："谁知道你是不是大学生，拿证件来看！"小伙子当即递上毕业证书，对方竟然拿了就走，小伙子没法子，只好交出背包换回毕业证。

这一幕，全场的人都看到了……

读完这个故事让人感觉特别难受，为小伙子的难堪，同时，也让人特别气愤，竟然有如此冷血的工作人员。作者在最后写到：我不知道这个故事会对他今后的路起什么作用，但我相信这一幕会在他心里挥之不去，许多年之后，无论他是大功告成还是一败涂地，无论他是成为头号通缉犯还是登上福布斯富豪榜，他的人生故事，都会从这一幕讲起。

假如这个工作人员心地善良，他会不会给他留个情面，甚至给他一瓶水喝？假如遇到的是另一个工作人员，情况是不是会完全不一样？可惜，没有假如。对一个即将走投无路的大学毕业生，那个人就是如此冷酷无情。

这就是冷酷，因为他的冷酷，也许毁了一个年轻人的一生。那些瓶子加起来最多值一元钱，却无情地剥夺了一个刚刚走向社会的年轻人的自尊。这让人情何以堪！

而我们在生活中，却常常会遇到如此冷酷的人，常常会看到如此冷酷的事。并且，很多时候，那些冷酷竟然都还不自知。

其实善良没有想象的那么困难，并不需要你做出多大的贡献和牺牲。行善，更在于生活中的小事，在于你遇到的那些平凡普通的人和事，你是否对之善待了。在你能力范围内，善意地对别人，让善意像空气一样在周围流通，惠及每一个人，这就是善良。

一个人一定要有一颗温柔善良的心，要相信善良的力量。善良不仅是帮助别人，更是帮助你自己。

一个小镇上的商店里，天黑后只有一位 59 岁的店员在值班，这时一名劫匪闯了进来，劫匪头戴蜘蛛人面罩，拔枪向店员要钱。这时，59 岁的店员既没有奋起反抗，也没有给劫匪拿钱，而是不慌不忙地递给他一杯茶和一块蛋糕。

劫匪大概也知道老店员斗不过他，他也因此放下了敌意，竟然和老人家聊起天来，他们谈得很放松也很友好。老店员表示了对他的关心和提醒，并且还对他说，如果他愿意，可以跟他讲讲他的故事，劫匪居然同意了。最后，劫匪什么都没拿就离开了，离开前还没忘记道歉和道谢。

一杯茶和一块蛋糕，就这样不动声色地化险为夷。后来老店员说，虽然劫匪头戴蜘蛛人面罩，但他确信"他是个挺好的年轻人"。也正是这种善意的想法，成功地拯救了他自己。

心存善意，有时连劫匪都软化下来，这就是善良的力量。

我们常常以为那些在学校里或社会上总是欺负别人的人是强大的，其实刚好相反，他们的暴力，只是在掩盖内心的害怕和不安全感。正是因为他们内心深处的恐惧，才导致了暴力行为。比如一个长期被父母忽视、生活在暴力阴影下的孩子，在学校里往往表现出"先攻击别人以求自保"的懦弱行为；而那些生活在关爱里、内心有安全感的孩子，常常表现出与人为善、乐意亲近同学、帮助同学的行为。这种行为在成人世界里也是一样。

中国传统文化历来追求一个"善"字：待人处事，强调心存善良、向善之美；与人交往，讲究与人为善、乐善好施；对己要求，主张独善其身、善心常驻。善良是我们的传统美德，也是一个人价值的体现。

善良，更是人类共同的追求和信仰。马克·吐温曾说"善良是一种世界通用的语言，它可以使盲人'看到'、聋子'听到'"，雨果说"善良的心就是太阳"，培根说"但唯有善良的品格，无论对于神或人，都永远不会成为过分的东西"，罗曼·罗兰说"灵魂最美的音乐是善良"……全世界的大师都为善良谱写过篇章，讴歌善良的美好和力量。有一位名人说："对众人而言，唯一的权力是法律；对个人而言，唯一的权力是善良。"千真万确！

心存善良的人，他们的心是滚烫的、火热的，可以驱赶寒冷，横扫阴霾。与善良的人交往，能开启智慧、熏陶情操，让灵魂变得高尚、胸怀更加宽阔。

善良，对一个人的成长发展更具有不可忽视的积极影响。一个善良的人，有能力去爱别人，有能力去看见他人的处境，有能力去规范自己的行为，并且有能力去克制自己不伤害别人。而缺乏善良品质的人，往往会麻木不仁、冷酷无情、人际关系处理不好。可以说不善良的人是个道德上有缺陷的人，最终很难有所作为。古人有云："心净生智能，行善生福气。"就是这个道理。

人世间最宝贵的是什么？雨果回答说："善良。善良是历史中稀有的珍珠，善良的人几乎优于伟大的人。"播种善良，才能收获希望。一个人可以没有让旁人艳羡的成就，也可以忍受"缺金少银"的日子，但离开了善良，却足以让人生搁浅和褪色——因为善良是生命的黄金，是人生最宝贵的财富。

成长睿语

我们时常说某某为富不仁，其实，很多时候，普通人也同样的不仁，他们的眼中看不到善良，他们的行为体现不出善良，这是最可悲的。善良，它不高深，也不微妙，它是一句安慰、一个微笑、一个鼓励的眼神、一点无助时的支援、一个默默的关注，善良就在你的生活里。有一颗充满善意的心，行为和语言就会大不一样。心怀善意的人，人生的路必将越走越宽。

第四章
性格是看不见的力量

开朗让人生天天天蓝

我们常常说，某某很开朗，让人很喜欢。开朗也常常和一些赞美的词联系在一起，因为开朗让人感觉舒心、快乐，让人没有压力。开朗就像晴天那样，给人无限的畅快，给你带来好的感觉，像阳光、微风、蓝天、白云、花香、鸟鸣等等，没有一样东西让你联想到坏事情。正如罗曼·罗兰所说："开朗的性格不仅可以使自己经常保持心情的愉快，而且可以感染周围的人，使他们也觉得人生充满了和谐与光明。"能拥有一个开朗的性格，是很多人的希望。

当然，大人们也都喜欢开朗的孩子。开朗的孩子总是情绪良好，笑口常开；开朗的孩子不小心眼，不爱生气；开朗的孩子善于与人相处，不孤僻。更有调查显示，性格开朗的孩子长大以后不仅较为健康，而且婚姻生活较为幸福，事业上也较易获得成功。

可以说，开朗的性格，是我们人生成功的良好基础。让我们先来看一个成功案例吧。这是一个考入北京某名牌大学的男孩的经验之谈：

我觉得我的成功源于性格的开朗和兴趣的广泛。我喜欢关注各种事情，天文地理、国内国际形势等等；我喜欢参加各种活动，运动会、歌咏比赛、联欢晚会无不向往。正因为如此，我赢得了很多人的喜欢，得到了很多人的帮助和支持。

我喜欢感受快乐，希望把快乐传递给我身边的每一个人，我为强者欢呼，也为弱者流泪，老师和同学常常说我单纯、直率、热情，性格好。这样的性格也促进了我的学习，因为心无旁骛，专注力强。虽然我的成绩不是最好，但也很优秀，是德智体全面发展的模范。

高考的时候，老师推荐我去参加高校的自主招生。笔试成绩不是很好，但面试时给老师留下了很好的印象，我的性格和心理测试结果也都很不错，所以，我得以顺利通过。现在上了大学，更是感觉到性格对我帮助很大，大学和中学的区别很大，人际关系也更复杂，需要处理的人和事也增多了不少，而开朗让我得到了好友的支持。

口说无凭，事实为证。可以说，开朗乐观的性格对青少年未来的人生发展具有重要作用。因为开朗既是一种良好的心理状态，也是一种难得的性格品质。而一个人的心理和性格恰恰决定了他的人生走向。所谓开朗，就是心胸的开阔，心灵的明朗。有这样的个性，不成功都难呢！

是啊，有谁会喜欢闷闷不乐、愁眉苦脸的人呢？当你摆出一张"臭脸"时，大家会自动远离你，你只能更加郁郁寡欢，离群索居，由此恶性循环，谈何成功？

不可否认，人的性格有先天形式的部分，例如有天生的急性子，也有天生的慢性子，有天生的外向性格，也有天生的内向性格。但心理学家的研究显示，性格约50%是基因决定的，而另外的就是在环境的影响下，可以随着成长而塑造和完善的。开朗与不开朗的决定因素中，起重要作用的是后天的环境以及个人的锻炼和改变。

另外，外向内向跟开朗与否是两回事，不能混为一谈，内向不一定不开朗，外向也不一定都开朗。开朗是一种心态、一种心境，是心灵之灯，点燃它，能照亮自己，更能照亮他人。

现在的社会，是一个竞争的社会，也是一个交际的社会。开朗的性格，对于人与人之间的交往、沟通都非常有利，能够让我们在竞争中脱颖而出。而人们在性格上也追求和时代相适应的"开放美"，敞开心灵、坦诚相见、快乐交往，不使自己太压抑，双眉紧锁地去人为制造与人之间的隔膜、削弱与人之间的情感。所以，培养开朗的性格非常重要。

我们可以这样做：

一、多和人交流，抓住一切锻炼的机会，比如上课发言、演讲、和陌生人说话，比如在饭桌上与父母探讨他们和你共同感兴趣的话题，大胆而主动地表达自己的观点。练习的次数多了，就养成了习惯，你就不怕在众人面前说话了。

二、经常和朋友在一起聊天，即便你比较内向也会有一两个好朋友，你可以和他们聊有趣的见闻、笑话、幽默，长期坚持下去不仅会使你的性格开朗，而且也会增强你的人际交往能力。

三、热爱生活，培养多方面的兴趣。比如体育运动、唱歌、游戏等，课余时间，可以和朋友一起参加各种集体活动，锻炼自己的能力。

四、培养自信心，相信自己的优秀，挖掘自己的优势，在任何时候都要对自己说"我很棒""我表现得不错"等自我激励的话。这样慢慢地培养自信，再和别人交流起来就会变得更加自如，性格也会开朗许多。

怎么样，赶快去锻炼锻炼吧！开朗，会让你人生的天空天天天蓝。

▨▨▨ 成长睿语 ▨▨▨

开朗是性格，更是对生活的态度，热爱生活的人往往性格开朗，反之，却充满了抱怨、郁闷或者愤怒。正确对待生活、学习和周围的每一个人，热爱并关心他们，有意识地培养自己的积极热情；当你做到了这些，你就会感到有无数的话题需要交谈，有许多观点需要交流，有深厚的情感需要彼此沟通，它们会把你逐渐变成性格开朗的人。

让狭隘走开，让宽容进来

希腊神话里有这样一个故事：

有位英雄叫海格力斯，是个大力士。一天，他在路上走，因为路面坎坷不平，他很注意脚下，突然他发现脚边有个像鼓起的袋子样的东西，很难看，海格力斯便踩了那东西一脚。谁知那东西不但没被海格力斯有力的一脚踩破，反而膨胀起来，并成倍成倍地加大，这激怒了大力士海格力斯。他顺手操起一根碗口粗的木棒砸那个怪东西，这一砸不要紧，那东西竟飞快地膨胀到把路也堵死了。海格力斯奈何不了它，正在纳闷，一位圣者走到海格力斯跟前对他说："朋友，快别动它了，忘了它，离它远去吧。它叫仇恨袋，你不惹它，它便会小如当初；你若侵犯它，它就会膨胀起来与你敌对到底。"

现实生活中，人与人之间，很多时候就像海格力斯和仇恨袋一样。两个人出于误解或嫉妒闹了矛盾，你若想报复对方，便会加深对方对你的仇恨，于是他会更挖空心思地加害于你；你若再不罢休，他会更恶毒地报复你，直到两败俱伤。如果彼此一直"以眼还眼，以牙还牙""以其人之道还治其人之身""你跟我过不去，我也让你不痛快"，这样怨恨和矛盾永远得不到解决。人们称之为"海格力斯效应"。"海格力斯效应"给我们带来的启示就是：要学会宽容，懂得谅解。如果一味狭隘，我们的人生之路将会增加很多麻烦。

俗话说，冤冤相报何时了，得饶人处且饶人。人生在世，人与人之间或群体间的摩擦、误解乃至纠葛恩怨在所难免，如果肩上扛着仇恨，心中装着仇恨，那么，生活就会如负重登山、举步维艰了，最后，只会堵死自己的路。很多时候，我们都需要宽容，宽容不仅是给别人机会，更是为自己创造机会。

所以，聪明的人都会对他人多一点宽容，多一点接受，多一点大度，多一点谅解，而自己也会因此少一点烦恼，少一点郁闷，少一点不快。

周总理理发的故事就颇让人深思：

有一次，周总理去理发，当理发师正在给他刮胡须时，不知怎么回事周总理突然咳嗽了一下，由于咳嗽，刀子把周总理的脸刮破了。理发师十分紧张，不知所措，但令他惊讶的是，周总理并没有责怪他，反而和蔼地对他说："这并不怪你，我咳嗽前没有向你打招呼，你怎么知道我要动呢？"

这便是宽容。宽容是一种美德，是做人的一种风度。它常常让我们感动，让我们赞叹。美国著名的文学家爱默生说："宽容不仅是一种雅量、文明、胸怀，更是一种人生的境界。宽容了别人就等于宽容了自己，宽容的同时，也创造了生命的美丽。"

所以，我们要从小培养宽容之心。宽容对我们个性的健康发展，尤其是情感的健康发展，以及建立良好的人际关系有着非常重要的意义。宽容会让我们拥有更多的朋友，赢得更多的支持。

然而，生活中我们处理一些问题的时候往往急躁、冲动，不能克制自己，常常会因为一些小事情跟别人发生冲突，比如被别人踩了一脚，或者被挤了一下，我们都可能跟别人大发脾气，要么说脏话，要么以牙还牙。这就

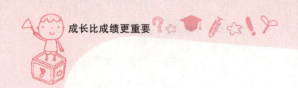
是不懂宽容的表现。

懂得如何与人相处，才能获得更大进步。只有大度地看待别人的过错，原谅别人，才能提升自己。富有宽容心的人往往心地善良，性情温和，惹人喜爱，受人拥护；而缺乏宽容心的人往往性情怪僻，易走极端，不易与人亲近。

如何拥有一颗宽容之心，拥有宽容的风度呢？不妨这样做：

首先，学会"心理换位"。所谓心理换位，就是当双方产生矛盾时，能够站在对方的角度思考问题，思考对方为什么会如此行事、如此说话。这样，就能够理解对方，就能够减少很多不必要的矛盾。站在父母的角度考虑，就会理解父母的良苦用心；站在老师的角度考虑，就会理解老师的艰辛；站在同学的角度考虑，就会觉得大多数同学是可爱可亲可交往的。所以，学会心理换位是非常必要的。

其次，理解人人都有缺点。金无足赤，人无完人，有缺点和不足是人性的必然。和同学交往，和朋友相处，只要同学和朋友的缺点不是品质方面的，不是反社会的，不能求全责备，要求同存异。对于朋友的缺点和不足，对于他们心情不好时所说的话和所做的事，不能斤斤计较，多原谅一次，多给一份宽容和理解，同时也就为自己多找了一分好心境，也会使自己的个性更完美。

第三，时常反思自我。在跟别人发生争执、冲突的时候控制一下情绪，换位思考一下，有意识地去锻炼自己，我们便会成为一个谦谦君子、宽容大度的人。

打开心扉，让狭隘走开，让宽容进来，我们将会全身充满阳光。

▥▥▥ 成长睿语 ▥▥▥

　　宽容是人格健康的必备元素，也是处理好人际关系、与人沟通心灵的重要条件。学着以德报怨，得饶人处且饶人，这样既是宽容别人，也是善待自己。宽容让我们心地善良，性情温和，惹人喜爱，受人拥护，狭隘让我们性情怪僻，易走极端，不易让人亲近。你愿意成为哪一类人呢？

豁达才能成大器

▊▊▊▊ **有这样一个故事：**

有一天，著名书法家启功和几个朋友路过一个专营名人字画的店，正碰上一个人在卖模仿启功的字画，并称启功是他的老师，还大肆向他们兜售。于是朋友问启功老师："启老，他真的是你的学生吗？"那个人仔细一看，顿时陷入尴尬恐慌和无地自容之境，便哀求道："实在是因为生活困难才出此下策，还望老先生高抬贵手。"启功宽厚地笑道："既然是为生计所迫，仿就仿吧，可不能模仿我的笔迹写反动标语啊！"那人低着头说："不敢！不敢！"说罢，一溜烟地跑了。同来的人说："启老，你怎么让他走了？"启功幽默地说："不让他走，还送人家上公安局啊？人家用我的名字，是看得起我，再者，他一定是生活困难缺钱，他要是找我借，我不是也得借给他吗？当年的文徵明、唐寅等人，听说有人仿造他们的书画，不但不加以辩驳，甚至还在赝品上题字，使穷朋友多卖几个钱。人家古人都那么大度，我何必小家子气呢？"

什么叫大家风范？什么是豁达？拥有一个豁达的胸怀，才能展现大家风范；拥有豁达，才能拥有绅士风度。

无独有偶，看看下面这位英雄：

1969 年 7 月 16 日，美国"阿波罗 11 号"飞船离开地球飞向月球。登月飞船上载有阿姆斯特朗、科林斯、奥尔德林 3 名航天员。经过近 96 小时飞行，7 月 20 日 2 时 56 分，阿姆斯特朗将左脚踏到月球上，成为世界上第一个踏上月球的人。19 分钟后，奥尔德林跟着也踏上了月球。而科林斯则驾驶着返回舱在环月轨道上等待返航。

阿姆斯特朗在迈上月球时，说了一句："这是个人迈出了一小步，人类却迈出了一大步。"这句谦虚而又是事实的话让阿姆斯特朗一下子家喻户晓，人们也记住了这位"人类登月第一人"。但一同登月的奥尔德林和科林斯却很少有人知道。

在庆祝登月成功的记者招待会上，有一位记者对奥尔德林提出了一个很尖锐的问题："你作为同行者，而成为登上月球第一人的却是阿姆斯特朗，你是否感觉有点遗憾？"

在众人有点尴尬的注视下，奥尔德林风趣地回答道："各位，千万别忘记了，回到地球时，我可是最先迈出太空舱的！"然后他环顾四周笑着说："所以，我是从别的星球来到地球的第一个人。"一句话，不但化解了尴尬，给对方面子，还表达了自我的肯定。他当然赢得了在场每一个人热烈的掌声。

正是豁达的心胸，让奥尔德林显得机智幽默，赢得了大家的尊重。

豁达，是一种大度、一种宽厚的品性，是人生中最高的境界之一，也是成功人士的共性，更是青少年成大器的基础。

豁达的人，心胸开阔，处事乐观，遇事泰然，不以物喜，不以己悲。豁达的人，面对困境无惧色，能接受生活的酸辣苦涩，即使到了山穷水尽处，仍能看见柳暗花明。豁达的人，顺境时能抓住机遇，奋勇向前，实现理想；逆境时，能正视现实，坚定信念，不自暴自弃。豁达的人，未必大富大贵，却能洒脱快乐。

豁达，更是快乐的源头，是好人缘的秘密。

然而，现在的很多孩子都比较草率武断，总是习惯于高高在上，对别人发号施令，并多少都存在一些"得理不饶人""小心眼""嫉妒心强"的毛病，不懂得以宽容之心去善待别人。比如，当同学不经意间冲撞了他，就会恶语相讥、挥拳相向；当朋友因为不满向他大发雷霆时，他也是以牙还牙、反目成仇。这都是我们要引以为戒的。

那么，怎么才能拥有一个豁达的心胸呢？不妨这样做：

一、不钻"牛角尖"。郑板桥说，难得糊涂。我们遇到一些特别不好处理或者无法完美处理的事情时，也可以"糊涂"一些。别总拿什么都当回事，一个人的精力毕竟有限，假如时时纠缠琐事，处处斤斤计较，被小事所累，我们的一生必将一事无成。别事事"较真"，把那些鸡毛蒜皮的小事放在心上。别钻"牛角尖"，为一点小事着急上火。别太要面子，夸大事实。别"小心眼"，总是多疑敏感、曲解别人的意思，这是最让人反感的。别过于看重名与利的得失，以致因小失大，后悔莫及。

二、控制欲望。现在有些孩子，由于受到周围环境的影响，常常不由自主地陷入一些不必要的物质、精神欲望之中，在得与失之间痛苦地挣扎，比如一定要吃好、穿好、过舒适生活，一定要做第一名……人的生活固然离不开物质条件，离不开一些需求，可若是把自己的生活，乃至生命都紧紧地与一些不可及的欲望捆绑在一起，就难免会做一些冒险的、甚至是违法违纪的事。我们要懂得放弃，懂得挣脱欲望的束缚，抛弃欲望的牵绊，比如为什么一定要事事争第一呢？每个人都期望得第一，可第一只能有一个，只要我们努力过，就问心无愧，我们没必要逼自己去浪费时间。

三、学会运用幽默和自嘲。学会幽默和自嘲，可以让我们解开窘迫和尴尬的枷锁，生活会变得轻松和有趣许多。林语堂先生曾这样说："人生在世，还不是有时笑笑人家，有时给人笑笑？"你想一想，难道不是这样吗？

人生复杂，阴晴圆缺痛苦欢乐相互交替，唯有一颗豁达的心，才能 hold 住生命的整个场面。

▓▓▓ 成长睿语 ▓▓▓

豁达是一种生存的艺术，是一种处世态度，豁达者才能收获更多。欢乐、成功、健康，不必自我陶醉；痛苦、失败、疾患，也无须一蹶不振。如此，你的未来将会有无限的可能，你的人生将会深刻而让人敬佩。

独立是一种魅力

一个孩子，随着年龄的增长，便会跟父母要求独立，比如三四岁的时候要自己穿衣服、自己洗澡，不愿意听父母的话，到了十一二岁，又开始要求父母不要干涉自己的生活，什么事情都要自己做，有的还嫌父母落后，闹得厉害的还离家出走。

其实，这都是人的独立性在"捣鬼"。随着年龄的增长和性格的日益完善，独立性也会越来越强，这是自然规律，也是每个人的必经阶段。当我们的叛逆期过完，就俨然是一个大人了。随着成熟，我们进而会要求经济独立、思想独立、人格独立，不再依附于任何人，不再盲从于任何人。我们会渐渐地远离父母、脱离家庭，过独立自主的生活，告别幼稚，进入另外一个生活轨道。越早独立，我们越能早体会到自主的爽快。一个经济独立、思想独立、人格独立的人，浑身会洋溢着自信、洒脱、愉快的气息，会展现出一种独特的魅力。

遗憾的是，并不是每一个人都能达到这样的境界，也并不是每一个孩子都能顺利地完成独立的成长。

你可以回想一下，自己从小到大，早晨起床后，穿衣、叠被是谁的事情？诸如整理书包、打扫自己的房间、洗衣服、购买日用小商品等等之类的事情是你自己做还是由父母做呢？恐怕很多人都不是自己完全独立完成的吧？除了在年龄特别小的阶段无法完成穿衣服的动作，其他事情，我们都可以自己做，可是你做过几件呢？

更让人担心的是现在的不少家长把教育的重心倾向于知识教育和智力培养，凡是需要孩子动手、出力、操心的事，舍不得让孩子做，家长全部承包，天长日久，导致孩子依赖性很强，缺乏起码的生活自理能力，缺少主动性，就连自己应该做的事，也不愿意做。也就是说，我们可能在不知不觉中都丧失了独立性。

然而，随着时代的发展，社会对我们的要求越来越高，或迟或早，我们都要离开父母的温暖怀抱，离开家庭的"保护伞"，去寻找一片属于自己的天空。如果生活自理能力不强，没有独立性，我们就很难适应社会的要求，很难有较强的竞争力。想　想，这不是很可怕的事情吗？

调查显示，在我国的家庭中，孩子对父母的依赖日趋严重。他们从小到大，处处离不开父母的照顾，心理脆弱、独立能力差，缺乏解决困难的能力和承受挫折的勇气。这就更给我们敲响了警钟，我们一定不要陷入到这种怪圈当中去，否则后果很严重。我们要提醒自己，也要提醒父母，要养成自己的事情自己做的良好习惯，能不让别人帮忙的事情决不让别人帮忙，不要让父母包办自己的生活起居，不要让他们过多插手自己的学习、生活。

如果一个男孩不独立，那么他将无法成长为顶天立地的男子汉，也无法得到成功和别人的尊重与尊敬，那他将会是一个没有出息的人。如果一个女孩不独立，她将会依附于家庭和他人，会被人轻视，最终无法得到女性本该有的幸福。这不是危言耸听，也不是无中生有，这是很多人的经验和智慧，是不争的事实。如果你的父母再包办你的生活的时候，你可以询问他们，看是不是这样。一个人，长大了到底要怎么才能生活和成功，这将会是一个让我们都深思的问题。

▓▓▓▓▓ 让我们来看一个年轻人的感叹：

大学毕业了，脱离了人生中最后一个大组织：学校。当我们离开家上

大学的时候，迎接我们的是同学、室友，没有父母在身边的日子，原来是那么惬意。当我们离开校园走上社会的时候，迎接我们的是竞争、优胜劣汰、一个人努力。环境简直是天壤之别，然而这就是社会现实，我们需要一步一步去适应。现在才发现，一个人生活这么的不容易，大到衣食住行，小到柴米油盐，全都得操心！一个人努力习惯孤独、寂寞，习惯下班后一个人做饭、吃饭、洗碗，一个人看电视，一个人睡觉！现在才真正体会到了生活的艰辛。一个人的世界，病了一个人扛、烦了一个人藏、痛了一个人挡、再苦再累都要一个人背！可是，经过这样的磨炼我发现，自己越来越成熟了，独立的生活让人感觉突然之间就长大了。懂得了自己靠自己，懂得了想要改变生活只能靠自己努力！

读完有什么感觉呢？早晚有一天，你也要走进这样的生活，经过这样的阶段，走过这样的磨炼，慢慢长大、成熟，独立承担起生活的风风雨雨，成长为一个独当一面、充满魅力的人。

独立没有那么难，也没有什么可怕，把你现在"青春叛逆期"的劲头保持下去，去掉那些不切实际的想法，立足现实做自己力所能及的事情，比如生活自理、学习自理，不让父母操心。努力学习各种知识，充实自己的头脑，独立自己的思想，那么，魅力离你也会越来越近了。

▒▒▒▒ 成长睿语 ▒▒▒▒

有这样一个童话故事：一对狐狸夫妇生了五个孩子，狐狸妈妈非常宠爱他们，不顾生命危险去村子里偷鸡喂养孩子们，有一次不幸被夹子打中去世了。狐狸爸爸却一直锻炼孩子们独立生活的能力，不惜把他们全部赶到洞外，哪怕小狐狸站在风雪中凄厉地哀叫，狐狸爸爸也不心软。后来，小狐狸们都学会了独自觅食，长得健康强壮。这就是狐狸世界的法则：从小就迫使他们去独立生活。其实，这也是自然界所有动物的生存法则。如果一个人不独立，不懂得如何生存，那么他就将被大自然无情地淘汰。

大家都有喜欢的明星吧？当你们的明星与粉丝互动的时候，或者明星与粉丝举行见面会的时候，你是不是也会觉得"哇，好亲切啊""真的没有明星架子呢"，或者像媒体上报道的那样，某某很亲民。有的明星名人是小范围内的亲民，有的明星名人是公认的亲民，比如一直被全世界人民津津乐道的戴安娜王妃。其实，这些都是亲和力的表现。

让我们一起读下面的故事：

有一个男孩，13岁，上初一，成绩好，性格外向、思维比较活跃，并且敢想敢做，是老师眼里非常能干的班干部。然而，这位老师眼中的好学生在同学们眼中则是另外一个样子：盛气凌人，自以为是，嫉妒心强，不随和。虽然老师对他很好，但同学们都不太喜欢他。

在家里，他与家人说话也是咄咄逼人，总是一副吵架的神态，难以心平气和地和别人交流；总是不让别人把话说完就立即反驳，发表自己的观点，并且要求别人接受、赞同自己的观点。父母批评他多次，但也不见效。

他很想交知心朋友，但同学们都对他敬而远之。他作为班干部，工作也常常因为同学的不合作而无法进行，他的情绪因此很受影响，被气哭

培养人见人爱的亲和力

过好几次，感觉自己很没用。

你的班级里，或者你的周围，有没有这样的人呢？我想肯定是有的。是的，亲和力就是这样存在于我们的生活中。像这样的孩子其实并不少，他们因为缺乏亲和力而交不到朋友，人缘不好，内心很痛苦。不过，有亲和力的孩子也很多，他们可以说是人见人爱。还记得咱们前面读过的那位"中等生"女孩吗，她就是这样的。

知道"亲和力"一词的来源吗？其实，亲和力最早是属于化学领域的一个概念，是特指一种原子与另外一种原子之间的关联特性，后来被人拿来用于人际关系领域，某人对别人具有友好表示，通常就形容这个人具有亲和力。"力在则聚，力亡则散"，人和人就像原子与原子，有了亲和力就会彼此联系在一起，相互友好尊重，相互合作；而没了亲和力，彼此就是疏远、漠视，当然也就不存在友好和合作。

近些年，亲和力也成了管理学中的流行词，表示一种十分实用的专业技能，一种能让周围的人感觉某个人很和蔼可亲，不受职位、权威的约束而真挚流露出的情感力量。甚至因此而产生了一个专有名词：亲和效应。

在平时的生活中，我们也都会喜欢有礼貌、说话和善、具有亲和力的人，他们能给人带来愉悦的感觉，也会赢得大家的喜爱。同样的，人们也都会禁不住喜欢一个有礼貌、说话和善的孩子，会给他更多的鼓励和信任；而这样的孩子长大了也会比较快地适应社会，在哪儿都是个受欢迎的人。

你想不想成为一个人见人爱的人呢？想，那就赶紧培养自己的亲和力吧！

可从以下几个方面开始：

一、尊重他人。特别是要给他人留面子，尊重他人意见、尊重他人隐私。这些前面我们已经讲过了，可以再温习一遍。

二、乐于助人。人人都需要关怀和帮助，因为生活不可能都是一帆风顺的，所以也没有人不喜欢乐于助人的人，乐于助人是一个人有亲和力的具体表现。如何乐于助人，这个就不用说了吧？

三、心存感激。一个人，当他懂得感激时，便会将感激化作一种充满爱意的行动，实践于生活中。有爱意，就会有无形的亲和力。比如感激父母的养育之恩，感激亲友的关爱和鼓励，感激自然的恩赐，感激别人的付出给自己带来的方便和快乐等等。（小提示：更多爱和感恩的内容，请参看本书第九章）

▒▒▒▒ 成长睿语 ▒▒▒▒

亲和力是人与人之间信息沟通、情感交流的一种重要能力。具有亲和力的人，会微笑面对每一个人，会让每一个人都不觉得陌生，最终会形成一种气场，吸引着别人，赢得喜爱和信任。除了内在的修养，我们也不要忘记外在的修炼，比如衣着得体大方、学会微笑、语速缓和等。

打造智慧风趣的幽默力

你觉得自己是一个幽默的人吗？如果不是，会不会有时挺羡慕那些幽默的人啊？那些有幽默才能的人，走到哪里都能把欢乐带到哪里。毋庸置疑，这样的人当然更容易得到大家的喜爱和欢迎。相反，那些没有幽默感的人真是伤不起，特别是那些自己没有幽默感还不懂得别人的幽默的人，更是伤不起。

▮▮▮▮▮ 看看这位同学：

轩轩今年 14 岁，上初二，性格内向，比较在意周围人的眼光，有时候同学们和他开玩笑他也当真，很不高兴，觉得同学们是在故意挖苦或者是讽刺他。有一次，同学李明看见他的脸上不小心沾上了墨水，觉得十分有意思，于是笑着对周围的同学说："哈哈，你看咱们班怎么跑来了一只花猫啊，真是可爱。"同学们也觉得轩轩的脸上因为有了那几滴墨水特别逗。大家没想到，轩轩这时候却生气了，表情严肃地说："笑什么笑，不就是几滴墨水吗，有什么好笑的，谁再笑我就给你们的脸上也涂上墨水。"顿时，大家都不笑了，感觉很无趣。而他自己却还觉得十分委屈，觉得自己的同学太不厚道了，不仅不帮助自己擦掉，还嘲笑自己。其实呢，在李明和同学们看来，他们一点恶意也没有，纯粹是看着他的模样觉得好玩，随便开个玩笑放松一下，但没有想到碰了轩轩的钉子。从这以后，同学们当然不敢再和他开玩笑了，这人太不幽默了，没劲。再后来，大家都觉得他不好相处，渐渐疏远了他，他也因为同学们疏远自己变得更加悲观和郁闷了……

可真是"不幸"啊，缺乏幽默细胞真是大问题。估计没人希望成为轩轩这样的人吧？

在日常生活中，我们会发现有些孩子比较爱笑，很有幽默感，而有些孩子比较喜欢皱眉头，动不动就生气。然而，人们无一例外地都会喜欢那些笑容满面、有幽默感的阳光型孩子，不喜欢轩轩这样没趣味的孩子，因为前者不仅自己快乐，还会让他人快乐，而后者正好相反。

俄国文学家契诃夫说："不懂得开玩笑的人，是没有希望的人。"在现实生活中，幽默可以淡化人的消极情绪，消除沮丧与痛苦，舒缓紧张气氛，使得我们能以轻松的心情面对生活，更能带给自己和别人喜悦和希望。幽默也是一种生活的机智，它将人们对生活的领悟，以一种诙谐、有趣的形式表达出来，令人发笑，引人深思。一个幽默风趣的人，往往比不具幽默感的人更受到大家的喜欢，因为和有幽默感的人相处，你会感到他身上散发出来的智慧。

具有幽默感的孩子会散发出一种亲和力，使他能获得更多的友情，赢得别人的信任，从而获得比较好的人际关系，能够深得大家的喜欢。幽默感还是孩子情商的重要组成部分，具有幽默感的孩子一般都比较乐观、自信，能够从容地面对生活中的种种困难和挫折，阳光而富有朝气，总是给人一种生机勃勃的印象。

所以，幽默感在人际交往中起着举足轻重的作用，能帮助人更好地应对生活和学习中的压力和痛苦，更开心地生活。

另外，我们还会发现，如今是全民娱乐甚至娱乐至死的时代，每天搞怪的、搞笑的事层出不穷，如果没有幽默细胞，我们不但享受不到生活的乐趣，可能还会跟不上时代的脚步。

幽默，已经成为一种当今社会人所必备的交往技能、生活能力。所以，便产生了一个词：幽默力。较强的幽默力能帮助我们化解尴尬、摆脱麻烦、消除不利的因素，能让我们拥有强大的"气场"；训练好幽默力，更能一语胜千言，把话说得事半功倍。所以有人说，幽默力就是吸引力。可以说，幽默力是每一个现代人都需要具备的能力。

还等什么呢，赶紧锻炼升级你的幽默力吧！

在你锻炼升级之前，我们有必要强调一下：幽默绝对不是油腔滑调、不是嘲笑或讽刺，幽默是一种生活的智慧，我们要充分理解幽默的内在含义。好了，去实践吧：

一、广泛阅读。幽默是智慧的体现，必须建立在渊博知识的基础上。一个人要想真正具有幽默感，首先要博览群书，广泛涉猎，平时注重阅读积累。这样你才能见多识广，和人谈论各种问题的时候才能游刃有余，说话幽默风趣，也更有内涵，以此深得人们的喜欢。

二、培养坦荡胸怀。有幽默感的人一定是个坦荡的人，所以，培养光明磊落的胸襟是培养幽默感的基础之一。不为小事斤斤计较、耿耿于怀，凡事有容人的雅量，也就很容易变得活泼幽默。幽默的心理基础是愉悦、宽容的心态，当我们用幽默来解决矛盾纠纷、用幽默提出与对方分享的要求、用幽默提出批评建议时，自然能得到欢迎。

三、训练思维。不可否认，有幽默感的人一定是思维敏捷的人。要培养幽默力，思维训练很重要，关键是要打破常规，别让惯性思维束缚头脑。如平时做一些"脑筋急转弯"的题目，看一些幽默风趣、妙语连珠的电视节目。

四、激发热情。真正的幽默不是苦心经营的语言游戏，不是刻意制造的文字陷阱，它应该是一种洞察一切的睿智，是一颗乐观自信的心，是自然而然的生活积淀。所以，我们要有热爱生活的激情，要有积极进取的奋斗精神。

▒▒▒ 成长睿语 ▒▒▒

著名幽默家克瑞格·威尔森曾经说过："在我的成长过程中，幽默是生活中的七彩阳光，没有它，就没有我五彩缤纷的童年，也没有我充满欢声笑语、幸福无限的家庭。"幽默可以让成长更加开心，可以让生活更加幸福。没有天生的幽默家，只有努力提高幽默力的人。

成长比成绩更重要

第五章
习惯决定你的胜利

悲剧，从陋习开始

■■■■■ **2012 年 7 月 7 日，《东方今报》报道：**

昨天凌晨，郑州市一名环卫女工在清扫路面时被撞身亡。而罪魁祸首，是被车辆驾驶员或乘客抛出窗外的"车窗垃圾"。昨天，民生频道《民生大参考》的记者走上街头，发现"潇洒"抛出"车窗垃圾"的人还真不少。他们也许想不到，自己的无德之举，或许就导致了下一起灾祸的发生……

而类似这样的新闻，几乎每天发生，在不同的城市，有同样的灾难。看看这些新闻标题吧：《有垃圾就往窗外扔，海口不良司机害苦环卫工人》《南宁一年多来 82 名环卫工人遇车祸，其主要原因是车窗垃圾》《往车窗外丢垃圾就是"害命"，又一名"马路天使"清扫街头被撞飞》……真是触目惊心啊！

司机们随意丢下的不是垃圾，而是一颗颗"炸弹"。某环卫工人说："在马路上清扫垃圾，最怕的就是汽车里的人往车窗外乱丢垃圾了，因为汽车一般行驶在快车道上，朝车窗外丢垃圾后，工人们只得穿行于车流中捡垃圾。有时候，为了追垃圾腿都被吓软了。"

看看坏习惯给别人带来的痛苦和伤害吧，难道这不是很大的悲剧吗？仅仅是你随手一扔，别人的命没了，简直是造孽啊！你的陋习要了别人的命！不过，更可怕的是，很多时候，你的陋习会要了你自己的命。不信吗？

看看下面这个案例：

某男，一天酒足饭饱之后坐在家中沙发上抽烟，由于酒喝多了，没多久就歪在沙发上睡着了。而他嘴里叼着的烟，掉落在边上的垃圾桶里，很快，垃圾燃着了，火势蔓延到了沙发上。由于他酒后睡得比较沉，沙发被烧了很多他才被烤醒。这时家里正好没人，火势很快到了控制不了的时候，他惊叫着跑出去，火已经烧了大半个屋子了。人们跑来救火，他想起来屋里有重要东西还没拿出来，于是他又跑进屋里，这一进去，就再也没有出来。

悲剧吧？这难道不是陋习要了命吗？喝酒、抽烟，结果自己葬身火海。有调查显示，家庭火灾发生的原因大多数与人们的不良生活习惯有密切的联系。

还有一个案例，更是"极品"：

加尔各答的豪拉大桥，是印度最负盛名的桥梁。它是世界上通行人数最多的桥梁之一，也是全球第六长的悬臂桥。而如今该桥的某些部分已经遭到严重腐蚀。腐蚀的主要原因竟然是人们随地吐痰。似乎谁都难以置信，"随地吐痰"竟然会"腐蚀桥面"，以至使大桥减寿，但事实就是如此。政府调查发现，当地人喜欢咀嚼一种名为"古特卡"的口嚼烟草，它由槟榔和烟草混合而成，具有兴奋作用，并使唾液含高浓度酸性物质，当人们随地吐痰后，这些高浓度酸性物质就会侵蚀桥面。

如果当地人还不改掉随地吐痰的习惯，恐怕这座著名的桥梁将在人们的陋习中灰飞烟灭。

悲剧，从陋习开始，一点都不假。

西方国家流传着一首民谣：丢失一个钉子，坏了一只蹄铁；坏了一只蹄铁，折了一匹战马；折了一匹战马，伤了一位骑士；伤了一位骑士，输了一场战斗；输了一场战斗，亡了一个国家。

钉子虽小，亡了国家。陋习，往往也有这样的效果。

在我们的生活中，又有多少陋习呢？我们每个人不妨扪心自问：在自己身上，是否经常丢失"钉子"呢？

有人形容说：不论你是身居高位还是地位卑微，不论你是腰缠万贯还是不名一文，不论你是年岁已长还是乳臭未干，不论你是谦谦绅士还是窈窕淑女，不论你从事哪种职业，也不论你信奉何种宗教，只要你呼吸大自然的空气，只要你食用来自土地的五谷杂粮，你就有可能受到坏习惯的困扰。古往今来，多少人因为自己的坏习惯遗憾终生，又有多少人因为自己的坏习惯找不到人生的幸福！

真的是这样的。比如赌博的坏习惯可以让巨额财富一夜蒸发，比如不讲卫生的坏习惯可以让你失去恋人，比如粗心的习惯可以让你失去工作，等等。有一个知名的理论叫木桶定律，说一只木桶盛水的多少，取决于最短的木板，而不取决于最长的木板。对于人的发展同样如此，人的失败往往由于自己的某种坏习惯所致，你的坏习惯就是你最短的那块木板。

我们还能掉以轻心吗？我们还能熟视无睹吗？绝对不能！

相反的，好习惯常常是成功的伴侣，是人生幸福的同行者。

▌请看下面这则报道：

1978 年，75 位诺贝尔奖获得者在巴黎聚会。人们对于诺贝尔奖获得者非常崇敬，有个记者问其中一位："在您的一生里，您认为最重要的东西是在哪所大学、哪座实验室里学到的呢？"

这位白发苍苍的诺贝尔奖获得者平静地回答："是在幼儿园。"

记者感到非常惊奇，又问道："为什么是在幼儿园呢？您认为您在幼儿园里学到了什么呢？"

诺贝尔奖获得者微笑着回答："在幼儿园里，我学会了很多很多。比如，把自己的东西分一半给小伙伴们；不是自己的东西不要拿；东西要放整齐；饭前要洗手；午饭后要休息；做了错事要表示歉意；学习要多思考，要仔细观察大自然。我认为，我学到的全部东西就是这些。"

所有在场的人都对这位诺贝尔奖获得者的回答报以热烈的掌声。

事实上，大多数科学家都认为，他们终生所学到的最重要的东西，就是童年时家长和老师教给他们的良好习惯。

一个人在小时候培养一些好的习惯，将会给他带来终生的益处。古希腊哲学家亚里士多德早在公元前350年便宣称："正是一些长期的好习惯加上临时的行动，才构成了成功。"俄罗斯教育家乌申斯基也说："好习惯是人在神经系统中存放的资本，这个资本会不断地增长，一个人毕生都可以享用他的利息。而坏习惯是道德上无法偿清的债务，这种债务能以不断增长的利息折磨人，使他最好的创举失败，并把他引到道德破产的地步。"

改掉坏习惯，培养好习惯，从这一刻开始吧！

成长睿语

有人说：坏习惯是一个隐形杀手，一如污浊的空气，一如残留农药的食品。你愿意生活在这样的空气中吗？你愿意吃这样的食品吗？不愿意，那就赶紧去改掉坏习惯吧！培养好习惯，让我们自由呼吸。

细心谨慎，细节决定成败

细节决定成败，这句像口号一样的话，似乎人人都知道，然而并不是人人都能明白，更不是人人都能做到。如果谁都能做到，大概就不需要大肆宣传它了。我们之所以不厌其烦地再在这儿讲述这句话，是因为它太重要了！重要到关乎个人的前程、国家的命运，并且它可能发生在你生活的每一天。

▐▐▐ 咱们先来看几个故事：

第一个故事：

有一位大学毕业生，在去参加招聘会的早上，不小心碰翻了水杯，正好水洒在简历上。为尽快赶到会场，他只是将简历抖了抖，简单地晾了一下，便将它和其他东西一起，匆匆塞进了背包。

招聘会上，他看中了一个广告策划主管的职位。按照这家企业的要求，招聘人员将先与应聘者简单交谈，再收简历，被接受简历的人将得到面试的机会。轮到他时，招聘人员问了三个问题后，便向他要简历。他受宠若惊地掏出简历时才发现，简历上不光有一大片水渍，而且放在包里一揉，再加上钥匙等东西的划痕，已经不成样子了。招聘人员一看，不禁皱了眉头，那份折皱的简历也显得十分刺眼。

三天后，他参加了面试，表现非常好。负责面试的人告诉他："你是今天面试者中最出色的一个。"然而，面试过去一周后，他依然没有得到回复。于是他打电话询问情况，负责人跟他说："其实你各方面都不错，但你败在了你的简历上。老总说，一个连简历都保管不好的人，是管理不好一个部门的……"

他顿时傻眼了。

这是报纸上刊登的一件真事。事后记者采访他，他说："我深切感到，决定事情成败的，有时往往只是一个小小的细节。"要展示完美的自己很难，它需要每一个细节都要完善；但毁坏自己很容易，只要一个细节没注意到，就会给你带来难以挽回的损失。

第二个故事：

上海地铁一号线和二号线分别是由德国人和中国人设计的。一号线修好后，看上去也没什么特别的，直到二号线修好投入运营后，才发现一号线原来比二号线好得多。因为一号线中的很多细节，二号线设计时都被忽略了。比如，德国的设计师注意到上海地处华东，地势平均高出海平面就那么有限的一点点，一到夏天，雨水经常会使一些建筑物受困，所以一号线地铁的每一个室外出口都设计了三级台阶，在下雨天可以阻挡雨水倒灌，从而减轻地铁的防洪压力。而二号线就没有这几级台阶，曾在大雨天被淹，造成巨大的经济损失。又比如，一号线设置的一条装饰线让顾客更安全，不同的站台宽度给人的舒适度不同等。而二号线中，没有这些。结果二号线不但运营成本远远高于一号线，还给人们带来了诸多不便。

德国人的严谨是出了名的，由此也可见一斑。由于德国人对工作细节的关注，听说现在德国的一些高速公路还是希特勒时代修筑的，这真是让人惊讶。

难道中国设计者没有德国设计者聪明吗？这倒未必。中国人绝不缺乏聪明才智，缺的就是对待工作的认真和精细的态度。看看我们身边，有哪条道路没有被"开膛破肚"过？有多少座立交桥刚刚"胜利完工"就成为新的拥堵点，从而不得不进行一遍遍的改造？有多少栋楼房还没入住就被拆除？有多少个规划连三年都抗不过？

当别的国家迅速崛起的时候，我们在干什么呢？这不得不让人深思！

第三个故事：

美国被人形容为"车轮上的国家"，汽车普及率居全球首位，所以美国汽车工业有过世界上无人能比的辉煌，有世界顶尖的汽车公司，比如通用、福特、克莱斯勒等。然而，自从日本汽车工业崛起后，美国汽车业就节节败退，以至于他们不得不动用反倾销法案等手段来进行干预。日本汽车工业形成完整体系是在20世纪50年代，比美国晚数十年，他们是怎么超越美国，凭什么跟美国汽车较量的呢？这儿有一个经典的故事：

在20世纪60年代的时候，一位日本人以学习英语为名，跑到一个美国家庭里居住。奇怪的是，这位日本人除了学习以外，每天都在做笔记，美国人居家生活的各种细节，包括吃什么食物、看什么电视节目等，全在记录之列。三个月后，日本人走了。此后不久，丰田公司就推出了针对当今美国家庭需求而设计的价廉物美的旅行车，大受欢迎，因为该车的设计者在每一个细节上都考虑了美国人的需要。直到该车在美国市场推出时，丰田公司才在报纸上刊登了他们对美国家庭的研究报告，并向那户人家致歉，同时表示感谢。

看看吧，这就是细节的胜利。企业与企业，国家与国家，较量的胜负竟然取决于各种细节。

丰田汽车社长就曾说："公司最为艰巨的工作不是汽车的研发和技术创新，而是生产流程中一根绳索的摆放，要不高不矮、不粗不细、不偏不歪，而且要确保每位技术工人在操作这根绳索时都无任何偏差。"这些都是细节，保证每一次都把细节做好，并不比技术研发容易。中国古语云：天下大事，必作于细。也是同样的道理。

然而，在现实生活中，细节往往因其"小"而容易被人忽视，掉以轻心；因其"细"，也常常使人感到繁琐，不屑一顾。做起事情来，大而化之、马马虎虎，"差不多"先生比比皆是。看看"差不多"先生的常用词：好像、几乎、似乎、将近、大约、大体、大致、大概，等等，当有一天这些词语高频率地出现在你的生活里，或者成为你的口头禅，你的人生也就"差不多"了。

怎么才能不败于细节？那就是在日常生活中养成细心谨慎的习惯。

▎▎▎▎成长睿语▎▎▎▎

常言道，1%的错误会带来100%的失败。而那1%的错误往往就错在细节上。所以，无论做人还是做事，都要注重细节，从小事做起。我们必须改变心浮气躁、浅尝辄止的毛病，注重平凡的、具体的、零散的细节、把小事做细，这样才能成大事。

在上一篇文章我们讲到注重细节的重要性和养成细心谨慎习惯的必要性。那么，怎么才能养成细心谨慎的习惯呢？怎么做才能注意到那些细节呢？这就是我们这节要重点介绍的内容。

怎样才能做到注意细节，怎样才能把握好细节，整体上来说，就是要善于观察、勤于思考。而善于观察、勤于思考不仅仅能让你做好细节，更是每个人学习知识、深化思想、顺利成长必不可少的条件。

观察，对你认识事物、增长知识、发展智力有着深远的意义，只有拥有了仔细观察现象的习惯，并能通过现象抓住本质，才算真正学会了学习。观察还是我们认识世界的一条重要途径。所以，现代教育把培养孩子的观察力作为教育重点之一。观察能力强，我们会发现周围很多新奇的事物，能看到别人没有看到的东西。

很多人都喜欢看《福尔摩斯探案全集》，很喜欢福尔摩斯这个神探。大家有没有想过福尔摩斯为什么破案那么神呢？这其中主要的因素就是福尔摩斯的观察力。比如在福尔摩斯第一次与华生见面时，就立刻辨别出华生是一名去过阿富汗的军医。他为什么能够那么快地辨别出面前的这个人是一名军医呢？是观察。敏锐的观察力使得福尔摩斯能够

善于观察，勤于思考

117

迅速地辨别出一个人的职业、经历。观察力的敏锐程度决定了从一个人身上得到信息的多寡，也只有敏锐的观察力才能尽可能多地将一个初次见面的人的信息更好地掌握住。

锻炼、提高观察能力，是每一个青少年都要做的功课。

怎么做呢？首先，从身边的事物、所处的环境、人的特点着手，比如，你家桌子上的东西今天位置有变动、老师今天没有带水杯、你的一个新朋友是单眼皮、今天路上的车辆比以往少了一点、餐厅看见的某个陌生人是个左撇子、好朋友今天穿了一件新衣服很高兴等等。其次，要养成观察的习惯，从平凡微小的事物中有意地、细微地观察它所具有的特征，注意常人难以发现的地方。第三，要经常观察自然环境，包括自然风景、天空云朵、动物植物等一切自然存在；观察人的外貌、形态和行为，由表及里，深入洞察人的心理活动和个性特点等等。

有了观察，还要思考；不思考，观察没有意义。你只观察到了，没有去思考背后的原因或形成的背景，印象就不会深刻，或许你看到了和没看到一个样。

思考能力，也是我们不能忽视的。古人所说的"学而不思则罔"，就是这个道理。不会思考不如不学。一个孩子，学会思考，他才能有充实的内心，才有可能始终充满活力，才有可能有一个光明的未来。一个人聪明与否，智慧与否，主要看他的思考能力强不强。著名的作家萧伯纳说："难得有人一年会思考两三次以上，我则因一星期思考一两次而驰名国际文坛。"思考是人最宝贵的特质，是人最根本、最重要的能力。拥有思考能力的人，才是最有潜力的人。世界上的成功者都是一些善于思考的人，他们的伟大成就无不是建立在他们出类拔萃的思考力之上的。比如比尔·盖茨：

比尔·盖茨从小显露出的最大特点就是不停地思考。他整日躲在他的卧室里不出来，当母亲叫他从卧室里出来吃饭时，他置若罔闻。当父亲问他在干什么的时候，他总是说："我正在思考！"有时他还责问家人："难道你们从不思考吗？"比尔·盖茨的头脑似乎时刻都在高速运转，这也许是他登上世界首富宝座的根本原因吧。直到现在，微软公司还流传着这样一种说法：和大多数人谈话就像从喷泉中饮水，而和盖茨谈话却像从救火的水龙头中饮水，让人根本应付不过来，他会提出无穷无尽的问题。

而 IBM 公司的总裁托马斯·沃森更直言：IBM 的成功不是靠资源，也不是靠勤奋，主要靠全体职工善于思考。在 IBM 所有厂房和办公室内部都挂着写有"思考"的牌子，以便随时提醒人们思考是最重要的。

哈佛大学更是如此，新生一入校，教授们就会对他们说："听着，你们到这里，不是来发财的，你们到这儿来为的是思考，并学会思考！"

思考就是力量！人之所以成为万物之灵长，就在于人类具有思维能力。人类的每一种成就，每一种进步，都源于思考。遗憾的是，如今的很多孩子，思考能力相当欠缺。

▓▓▓▓▓ 资深教育专家、原国家总督学柳斌老师曾严肃地讲过一则"让人笑不起来"的"笑话"：

在一所国际学校里，教师给学生出了一道题："有谁思考过世界上其他国家粮食紧缺的问题？"学生们都说"不知道"。非洲学生不知道什么叫"粮食"；欧洲学生不知道什么叫"紧缺"；美国学生不知道什么叫"其他国家"；中国学生不知道什么叫"思考"。

可不是嘛，我们的"听话教育""包办代替""题海战术""标准答案"等等不科学的教育方式，使孩子变得不会思考了。这是很可怕的现象！

当然，我们思考能力欠缺，也不能全怪罪到教育的头上去，教育体制不可能针对我们每一个人，我们要在不理想的大环境中坚持自己的学习、努力提高自身的素质，否则，吃亏的还是我们自己。

那么，应该怎么做？

一、多思。科学研究表明，我们只要每天抽出 10 分钟锻炼我们的脑子，几星期内就能使我们的智力有所增长。而不常用脑子的人，几天后思考能力就开始下降，3 周后，他的智商会比平时有明显降低。平时，我们一定要多思考。

二、向自己提问题。向自己提出迷惑不解的问题，也能使你获得进步或成功。这种方式曾经促成世界上最伟大的科学发现的诞生。比如，牛顿是向自己提出问题：为什么苹果会落地，而不是向上，并进行深入思考后发现的万有引力。

三、独立解决问题。许多孩子在遇到疑难问题时，总希望家长给他答案，或者想也不想就去向别人求助，这是很不好的习惯。遇到问题时我们要独立思考、自己去寻找答案，这样才能更好地发展我们的思维能力。

四、记随想录。把想法记录下来，你会发现这样能帮助你更集中地进行思考。随着思考的深入，思维会越来越本质，越来越成熟。

▌▌▌▌▌ 成长睿语 ▌▌▌▌▌

善于观察，抓住细节，去伪存真，去粗取精，我们就会练就一双"火眼金睛"，把生活看透彻。勤于思考，探究原因，把握核心，着眼全局，我们就会成长为一个力量无穷的人。

珍惜时间，比别人先一步到达成功

这也是一个老生常谈的问题。从小我们就被教育：要珍惜时间，浪费时间就是浪费生命，浪费别人的时间就是谋财害命。还有我们经常能听到的：时间就是金钱，时间就是成功。关于珍惜时间的名言警句我们也背了不少。然而，又有几个人做到了呢？所以我们也常常听到这样的感叹：哎，又白白浪费了时间，这半午又碌碌无为地消耗掉了，等等。

珍惜时间，真是说起来容易做起来难啊！比如我们常常觉得时间还早，再睡一会儿，或者再玩一会儿，这么一睡一玩，时间倏忽没了，等我们发觉的时候，已经很晚了。

所以，珍惜时间首先做的就是要有紧迫意识，要养成惜时如命的习惯，有强烈的时间观念。否则，一走神时间就过去了。

只有那些珍惜时间、抓住时间的人才能做更多的事情，才能比常人获得更大的成功，也能比别人先一步到达成功。

不过，仅仅懂得时间宝贵，只是匆匆忙忙地把时间填满，搞得繁忙不堪，那并不能给我们带来更多的收获。比如很多人平时匆匆忙忙，却总是感觉碌碌无为；都以为在节省时间，时间却还是不够用。为什么会这样呢？因为我们那种缺乏目的的匆

121

忙正是被时间所控制的表现。只有会利用时间，而不是被动地把时间填满，才能在有限的时间内做出更多的事情。比如同样的一天，大家都是上课下课吃饭休息，老师给每个人留的作业也都一样，可是你会发现，同学甲会顺利完成任务，同学乙会焦头烂额，而乙比甲花费的时间并不少，甚至把课间的时间都用上了。为什么？因为他不会控制时间，而是被时间控制了。

所以，我们要懂得自己是被时间控制还是应该去控制时间的道理。学会控制时间、利用时间是最好的珍惜时间的方式。

爱因斯坦认为，怎样控制时间是人与人之间的最大区别。人们出生时，世界送给他最好的礼物就是时间，不论这个人是贫穷还是富有，这份礼物是公平的。有的人很会利用自己的时间，他用上天赐予的时间做了很多事，最终换来了成功。

▍▍▍▍ 世界上的大多数伟人，从国家元首到科学家、文学家等等，他们最成功之处就是会合理地利用时间。

美国伯利恒钢铁公司总裁查理斯·舒瓦普曾会见效率专家艾维·利，问他怎样才能把公司管理得更好。

艾维·利说可以在10分钟内给舒瓦普一样东西，这东西能使他的公司的业绩提高至少50%。然后他递给舒瓦普一张空白纸，说："在这张纸上写下你明天要做的最重要的六件事。"过了一会儿他又说："现在用数字标明每件事情对于你和你的公司的重要性的次序。"这花了大约5分钟。

艾维·利接着说："现在把这张纸放进口袋。明天早上第一件事情就是把这张纸条拿出来，做第一项，不要看其他的，只看第一项，着手办第一件事，直至完成为止。然后用同样的方法对待第二件事、第三件事……直到你下班为止。如果你只做完第一件事情，那不要紧。你毕竟做完了最重要的事情。"

艾维·利又说："每一天都要这样做。当你对这种方法的价值深信不疑之后，让你公司的人也都这样干。这个实验你爱做多久就做多久，然后给我寄支票来，你认为值多少就给我多少。"

整个会见历时不到半个钟头。几个星期之后，舒瓦普给艾维·利寄去一张2.5万美元的支票，还有一封信。信上说，从钱的观点看，那是他一生中最有价值的一课。五年之后，这个当年不为人知的小钢铁厂一跃成为世界上最大的独立钢铁厂，而其中，艾维·利提出的方法功不可没。这个方法为舒瓦普赚得1亿美元的利润。

可以说，时间管理是一门很高深的学问，没有良好的时间管理能力就不会有效率的产生。成功者都具有一流的时间管理思想，在最有效的时间里，做最有效率的事情——分清轻重缓急，每一分钟都不浪费。

▌下面这则故事很好地诠释了这个道理：

有两个人在同一家公司做研究员，公司新启动了一个研究项目，于是两个人就不分昼夜地拼命工作，甚至连睡觉都不离开。但是一个月过去了，一个人的成果比另外一个人要大得多，成果小的人很不理解："我们一起做研究，为什么你的成果比我的大？"那个人笑着说："是啊，我们一起研究，甚至连题目都一样，但是有的题目我不会时就跳过去做别的事情。等完成其他题目后，有时会惊奇地发现原来的那个问题我已经知道答案了。但是，我经常看到你在冥思苦想一个问题，很长时间都没有结果。你这样就会在无形之中把时间浪费了，所以没有我取得的成果多。做一件事情，你要学会合理地控制时间，只有这样，才能使你的努力获得最大的回报。要知道，时间的管理是成功的关键之一。"

看看吧，这就是差距。海伦·凯勒曾说："当我开始为不幸的盲人开展福利活动时，我不知道该选择什么样的人担任这项工作的骨干。我想起有人说过'当你想找某某人办事时，你与其找个大闲人，不如找个大忙人，忙人反而干得快'。于是我决定放弃找一个有闲工夫的人的打算，决定去找一个大忙人，请他担任活动的骨干。"宁愿找一个大忙人，这真是有点不可思议，但这是事实。我们知道，一个人不论职务和地位，一天拥有的时间都是24小时。时间的多少不仅与工作的忙闲有关，还在于我们认为自己能挤出多少时间。有些人正因为忙，才从各方面下工夫去合理利用时间，巧妙地安排时间。相反，有些时间太多而不知时间宝贵的人，由于缺乏行动，结果有时间反而会变成没时间。

所以，别只会喊珍惜时间的口号，而不懂得怎么去珍惜，赶紧培养控制时间、充分利用时间的能力吧，这才是正道。

成长睿语

学会控制时间，有这样几个小招数，不妨学习学习：学会制订计划。俗话说早打算早成功，如果事事有计划，严格按计划行事，效率会提高很多，比如写一篇作文需要多长时间、打球需要多少时间、完成作业需要多长时间，都要事先计划好；建立良好的秩序。生活中，把各种东西都放在合适的位置，尤其是经常要用的东西，一定要放在固定的位置。有序意味着不浪费时间；学会拒绝。当别人请求我们做能力不及或者说不能处理的事情时，要果断拒绝。

干
净
整
洁
，
提
高
形
象
力

大概没有人喜欢邋里邋遢不讲卫生的人吧？如果两个人站在一起，一个干净整洁，一个脏兮兮的，你肯定觉得那个干净整洁的人更可亲，或者说你对他的印象更好。可想而知，你如果邋里邋遢、衣冠不整，肯定是一个不受欢迎的人。不受欢迎可不是小事情，对吧？

我还得告诉你，还有更重要的事情：干净整洁关系到你的形象，你的形象关系到你的竞争力。什么竞争力？各种竞争力！有形的、无形的，生活中、工作中，公开场面、小众场合，都有人在给你打分，你是否能胜出，形象会占到很大一部分。这就是形象力。

亨利·福特说："好形象是一个人事业成功的通行证。"而当今，形象力已经成为判断一个人优秀与否的标准之一，它和体力、智力一起成为素质高低的主要因素。

俗话说：佛靠金装，人靠衣装。而生活中，别人对你的第一印象，往往也是从你的服饰和仪表上得来的，因为形象往往可以表现一个人的身份和个性。毕竟，别人要了解你的内涵，需要长久的过程，而形象却一目了然。

第一印象，无论是在心理学中还是在人际关系学中，都有重点讲解，因为"第一印象效应"可以决定人与人之间的关系如何，可以决定一个人能否在一件事情中成功。当你穿着得体、仪态优雅地出现在陌生人面前时，等于在告诉别人："这是一个让人喜欢的人，聪明、成功、可靠。大家可以尊敬、信赖他。"如果你一身邋遢、衣冠不整地出现在别人面前，等于告诉别人："这是一个失败、落魄的人，无法让别人信任。"

美国一家调查公司发现，那些注重着装，职业形象较好的人，其工作的起始薪金比其他人要高出 8% ~ 20%。所以，美国有许多家大公司对所属雇员的装扮都有"规定"，这规定不是指要穿得怎么好看，而是人们观感的水准。简单地说，你在与人见面前在衣饰方面是否注意以下几点事项：鞋擦过了没有？衬衣的扣子扣好了没有？胡须剃了没有？头发梳好没有？

更有形象专家指出：你穿的不仅是衣服，而且关乎你的价值；你化的不仅是妆，而且关乎你的品质；你梳的不仅是发型，而且关乎你的品位。

▍一本名为《你的形象价值百万》的书里曾经这样写道：

大多数情况下，人们不是买不起或者舍不得买新鞋，而是由于旧皮鞋穿着舒服。但是，一双旧皮鞋带来的可怕后果却是穿旧皮鞋的人永远想不到的。它能够轻易地毁坏你的形象，赶走你的商机，把你辛勤工作的结果无情地抛弃。不要责备人们的肤浅，因为人们更相信你的鞋，而不是你。即使你身上穿着顶级名牌西服，手上戴着价格昂贵的手表，无论它们是多么精致、巧妙、完美地搭配，一双破旧的、沾满尘土的皮鞋会立即抹去你身上的所有光彩。

从一双皮鞋就能推测出穿鞋者的诚实度，听起来是多么不可思议。然而，在华尔街上流行着这样一句俗语："永远不要相信一个穿着破皮鞋和不擦皮鞋的人。"它实际上是在说穿鞋者的品性和可信度就如同鞋的质量一样，它告诫人们不要把钱交给穿破旧皮鞋的人管理。可见鞋不仅是为了要穿着舒服，更是人们对你的成就、可信度、社会背景、教养等综合品质的一个重要检验标准。

真是有点不可思议，甚至是可怕。因为我们大多数人从来没想过，穿鞋也有这么多讲究。当然，这儿说的不是你买不起鞋的情况，而是你是否注意了自己的穿着和形象。是的，有时我们的形象价值百万。你还觉得随便穿着无所谓吗？

当然，我们现在还没过多地去接触所谓的现实社会，我们大多数的人也没时间也不在乎什么穿着不穿着，因为学校里没那么多的讲究。可是，当我们走上社会呢？你以为一下子就能变化了？一夜之间你就能"丑小鸭变白天鹅""咸鱼大翻身"？这种可能性很小很小。为了锦绣前程，我们一切的好习惯都要从现在开始培养，包括衣着得体大方、仪表干净整洁。

而"第一印象""价值百万的形象"等等所有这一切，都以干净整洁为基础。干净整洁是形象力最基本的要求。我们不追求奢华的服饰，不过分地修饰，但我们一定要做到：干净整洁、得体大方。干净整洁的形象不仅能体现一个人的精神面貌，还会让人对自己充满自信。

而我们，要从生活中的一点一滴开始，打造一个干净整洁的好形象。

比如，穿衣要大小合适、符合自己的身份，不穿奇装异服；衣服要整洁，不要有很多折皱，不穿太脏的衣服；勤洗头、洗澡；课桌课本保证整洁有序；卧室内干净卫生，勤打扫，内务自己整理；不在公共场合挖鼻孔或掏耳朵；不和别人共用杯子、毛巾、牙刷等日常用品；饭前、便后要洗手；饭后漱口；打喷嚏、咳嗽时要用手绢、纸巾或用手遮住口鼻；和别人谈话时要保持50厘米以上的社交距离；口袋或书包里备有纸巾，以供急需之用，等等。

特别提醒那些"对穿着举止不关注，也不想关注""以万年不变的形象出现在不同场合""穿着举止不符合自己的年龄、风格""举手投足不够优雅得体"的同学更加注意了，要从改变自己的认知和思想开始整顿形象，也许你会因错误的认识或懒惰丢掉一百万呢！

||||||| **成长睿语** |||||||

　　形象是金，形象有价。它关系到以后的面试成败、工资高低、职位晋升与否等事业与生活的方方面面。良好的形象使一个人魅力无穷、所向披靡；不良的形象让人障碍重重、步履维艰。一个人衣着整洁、得体，具有良好的个人形象，也是向他人暗示："请相信我，我是有修养、有能力的"，从而为自己赢得更多的好感和机遇。

运动让你闪耀光芒

很多人都喜欢体育明星，有些人是因为本身喜欢运动，所以喜欢；而有些人本身并不喜欢运动，但也喜欢。并且很多不喜欢运动的人还很喜欢看体育比赛，为什么呢？因为体育运动有种说不清道不明的魅力，那种激情，那种生龙活虎，那种健与美，那种澎湃的精神，感染着千千万万的人。更多时候，我们看的不仅仅是他们为国增光或者为团队增光，我们更喜欢看那些健硕的身材和运动的力与美。运动让身体洋溢着健康，让生命朝气蓬勃，给我们带来酣畅淋漓的爽快，让我们心情放松快乐飞扬。

想一想，我们最大声的加油给了谁，我们最疯狂的激情迸射发生在哪里，我们最忘我的呐喊是什么时候？可以肯定地说，这些情况98%发生在操场上、运动会上、球赛中。这些情景下谁最耀眼？当然是运动的主角——那些比赛中最牵动人心的身影。

热爱运动，养成运动的好习惯，你也同样能魅力四射、光芒闪耀，你也能成为主角。

即便你成不了主角，即便你没那么闪耀，运动也会让你在自己的人生中身心健康、精神抖擞、阳光可爱。因为运动能让你骨骼坚韧、肌肉发达、身高突出、体态优美、皮肤润泽、气色健康，运动能帮助你心胸开阔、开朗乐观、积极向上、性格健

全。这样的人，还担心不受欢迎吗？也许到哪里都能得到别人的称赞和友情。这不也是很有魅力的体现吗？

据说，很多女生喜欢的男孩都是在运动场上邂逅的，他们飞扬的身影超级帅气，让女孩惊呆了、动心了。而爱运动的女生，常常也是男生喜欢的对象，因为她们因运动而身材苗条、性格开朗，不会弱柳扶风、性情古怪，让人担心。我们看的影视剧中，不也有很多这样的桥段吗？一个小女生，在操场边上默默地注视着操场上某个身影，痴痴地发呆，间或脸红。再加上氛围的烘托、音乐的陪衬，真是美好无比的情景啊！

运动的好处太多了，而更重要的是"生命在于运动"。没有运动，没有锻炼，我们的身体将会缺乏免疫力，我们的生命将会受到病魔的威胁。

然而，现代生活中，不管是成年人还是青少年，因为生活节奏日渐变快，压力日渐增大，锻炼身体的时间常常被工作或学习挤占了。对青少年来说，这实在不是一个好现象。

更为遗憾的是，由于教育环境和教育体制的制约、影响，中国孩子运动少得可怜，有调查显示，有些中小学生每天运动的时间还不到一小时，体育成了可有可无的课程。学习之外，很多孩子也不注意体育锻炼，他们更加喜欢上网、打游戏、看电视，很少出去运动。这就导致了中国孩子的身体素质明显低于其他国家，不说西方国家，就和韩国、日本比就差一大截。据调查，中国孩子的肺活量只有韩国和日本孩子的60%，而这种差距已经持续近20年了。健康真是堪忧！连健康的身体都没有，我们还拿什么跟人家在国际上竞争呢？

很多老师和家长只重视孩子的学习，说是德智体要全面发展，可是很多学校和家庭都忽视了体育，只抓成绩。我们仔细想一想，学习再好，门门功课考第一，顺利进入清华、北大，然而没有一个好的身体，或者以牺牲身心健康为代价，这又有什么意义呢？因为身体不好而退学的也屡见不鲜，忽视身体这个"革命的本钱"，我们早晚有一天要失败。

还有些愚蠢的父母认为，为了能考上一个好大学，保证学习时间是第一位的，万一累病了吃点药也能缓过来。其实，有一个好的身体是所有事中最重要的，运动才是健康因素中最关键的。法国医学家蒂素曾经说过："运动的作用可以代替药物，但所有的药物都不能代替运动。"

体育运动对于青少年的生长发育起着无比重要的作用：运动促使各器官的功能得到增强；适度锻炼能使身体释放出使人兴奋的应力激素，从而达到提高人体免疫力的目的；适当的运动，还有助于精神上敏捷的思考，从而提高学习效率；保持脑力和体力协调的运动，还能起到增强人体免疫力，抵御"外侵"的功效。

除此以外，运动还具有解除大脑疲劳、振奋精神、调节心理状态、帮助青少年形成某些良好的道德和品质等神奇功效。

徐凯是清华大学物理系的学生，这位身高1.80米，体格健壮、动作敏捷的男孩，不仅学习成绩优秀，而且擅长多种体育运动，得到学校各类球队的青睐。他说，他从小就在父母的引导下坚持锻炼身体，春夏秋冬，酷暑严寒，从来没间断过。徐凯花在学习上的时间比别的同学少，但是他的成绩依旧名列前茅。究其原因，就是他精力旺盛，上课专心听讲，作业完成速度快。他对待学习，不是死盯着课本，对待成绩和名次不会斤斤计较。即使偶尔考试成绩不理想，他也不灰心丧气。这些都是因为体育运动锻炼出了他坚忍的意志。

羡慕吗？那赶紧去锻炼身体吧。跑步、打球、游泳、踢毽子……随便选择一项适合自己的，坚持下来。

成长睿语

中国有一句古语说："流水不腐，户枢不蠹。"同样的道理，身体要经常锻炼才会灵活。不管是哪种体育运动，只要勤加练习，都有助于维持身体的健康，使生命之树常青。强健的体魄是人生的基础，如果没有一个好的体魄，就无法满足日益旺盛的求知欲和学习知识的要求。其他的，也就无从谈起。

追捧环保节约，鄙视铺张浪费

2011 年，有两条社会新闻尤其触目惊心：洞庭湖因干旱变成"大草原"，鄱阳湖干了。配图更是让人震惊：岳阳楼似孤岛，鄱阳湖里面停着汽车。我们从课本上学到的美景全没了，我们想象中的壮观全没了，我们一直向往着的水景胜地干涸得只剩下一个大水坑。

呜呼哀哉，这是怎么了？答案是：环境污染、生态恶化。

如果我们再背诵一遍这样的句子："衔远山，吞长江，浩浩汤汤，横无际涯；朝晖夕阴，气象万千。……至若春和景明，波澜不惊，上下天光，一碧万顷；沙鸥翔集，锦鳞游泳；岸芷汀兰，郁郁青青。而或长烟一空，皓月千里，浮光跃金，静影沉璧，渔歌互答，此乐何极！"是不是更心疼？！

它们还能不能恢复到以前的胜景，这要取决于我们的保护和修复。这又是一件何等困难的事。环境变成今天这个样子，能怪谁呢？只能怪人类自己！无视环保、大肆砍伐、围湖造田、乱排滥放，到头来，我们只能是伤害自己、自作自受。如还不立即去改变，一直持续下去的话，人类最终将会自我毁灭、自掘坟墓。

不相信吗？看看下面的数据：

由于人类活动，大气中的臭氧层迅速耗减，被极度破坏。南极上空的臭氧层是在 20 亿年中形成的，可是在上个世纪里就被破坏了 60%。欧洲和北美洲上空的臭氧层平均减少了 10% ~ 15%，西伯利亚上空甚至减少了 35%。科学家警告说地球上空臭氧层被破坏的程度远比一般人想象的要严重得多。没有了臭氧层，我们将被紫外线消灭！

由于人类活动，地球的水资源越来越有限，不少大河如美国的科罗拉多河、中国的黄河都已雄风不再，昔日"奔流到海不复回"的壮丽景象已成为历史的记忆。目前，世界上 100 多个国家和地区缺水，其中 28 个被列为严重缺水的国家和地区。据统计，我国北方缺水区总面积达 58 万平方千米，我国 600 多个城市中有 300 多个缺水，每年缺水量达 58 亿立方米。没有水，人还能活吗？

目前，全球有 12 亿多人受到荒漠化的直接威胁，其中有 1.35 亿人在短期内有失去土地的危险。15 年前，全球荒漠化的土地已达到 3600 万平方千米，占到整个地球陆地面积的 1/4，相当于俄罗斯、加拿大、中国和美国四国国土面积的总和，全球受荒漠化影响的国家有 100 多个，荒漠化以每年 5 ~ 7 万平方千米的速度扩大。荒漠化意味着有生产能力的土地的消失，人们将失去最基本的生存基础。

是的，人们将面临的危机有很多。如果人类一如既往地破坏环境，那么人类将会灭绝，地球也将会成为宇宙中一个遥远的历史。

如果对这些数据你还没太大感触的话，那么一位小学生的话将会让你有切身体会：

大人们常说，他们小的时候，天上的云朵像棉花一样洁白，河水清澈得能看见小鱼在游动，连鸡肉、猪肉吃起来都比现在美味得多，而我们生活在新的时代，听到的却总是核泄漏、瘦肉精、催熟剂、毒奶粉。

你的爸爸妈妈是否也说过这样的话，或者你身边的大人们是不是也有这样的感慨？仅仅是几十年甚至十几年的时间，我们的环境就有了天壤之别。

大家也一直被教育要爱护环境、支持环保，要节约能源，只是我们的行动还是不尽如人意。看看我们的日常生活吧：空调连夜开着；只要在家，电视、电脑就不关；洗澡时把水放到最大，使劲冲；刷牙时水管不关，任水白白流掉；作业本写了一半，就丢掉不用了；文具到处扔，从来不珍惜；买食物不估计数量，吃不完随手扔掉；使用各种一次性器具；追求品牌，讲究包装……

这些坏习惯如果仅仅只发生在一个人身上，或者仅仅一天是这样的，那就不足挂齿，但是，如果每个人都这样，每天都这样，算一算，是不是很浪费？

你能说环境的破坏与你无关吗？你能说个人行为不影响环境变化吗？不能！只要你有这些坏习惯，你就是破坏环境的一分子！

所以，我们一定要倡导环保节约，拒绝铺张浪费！环保，就是保护我们的生存环境；节约，就是节约地球的资源。只有这样，我们才能拥有一个美好的生存环境，才能生活得轻松愉快。

支持环保、执行环保、热心环保，我们要从生活中的小事开始，养成良好的习惯：

一、洗脸的时候用盆接水，小半盆足够，不要接满盆。刷牙的时候把水管关掉，冲洗的时候再开。用淘米水、洗菜水来浇花。用洗衣服的水来冲厕所。洗手擦肥皂时，要关上水龙头。不要开着龙头用长流水洗碗洗衣服，看见漏水的龙头一定要拧紧它。

二、空调、电视、电脑、电灯、饮水机等家用电器适时关闭，拔掉电源。

三、爱护课本，延长它们的使用寿命，借给其他人重复利用。作业本用完再换新的，用完的作业本背面做草稿纸。写作业要认真，减少错误就可以减少纸的浪费。

四、购买东西时少领取塑料购物袋，上街购物时带上布袋或菜篮子。尽量少用一次性餐具，比如快餐盒、纸杯、纸盘等，尤其要少用一次性筷子。减少不必要的用纸，如擦玻璃不用纸，可以用湿抹布和干抹布交替擦。

五、买充电电池，我们日常使用的干电池是靠化学作用，通俗地讲就是靠腐蚀作用产生电能的。当其被废弃在自然界时，这些物质便慢慢从电池中溢出，进入土壤或水源，再通过农作物进入人的食物链。用完的干电池攒到30公斤后，可联系当地垃圾回收中心回收。

六、拒绝过度包装，不少商品如化妆品、保健品的包装费已占到成本的30%～50%。过度包装加重了消费者的经济负担，增加了垃圾量，污染了环境。

七、少用洗洁精，大部分洗涤剂是化学产品，会污染水源。洗餐具时如果油腻过多，可先将残余的油腻倒掉，再用热面汤或热肥皂水等清洗，这样就不会让油污过多地排入下水道。

八、在家里设置三个分类垃圾筐：一个袋可回收物，包括废纸、废塑料、废玻璃、废金属等；一个袋不可回收物，包括灰土、菜叶、瓜果皮核等厨房余物；一个袋有害物，包括电池、荧光灯管等。可回收物可以每月卖给废品收购站，既环保又经济。

倡导环保节约，鄙视铺张浪费，从你我开始，行动起来！

成长睿语

你知道吗？一次性筷子是日本人发明的。日本的森林覆盖率高达65%，但他们一次性筷子的产量只占消费量的3%左右，96%的一次性筷子是从中国进口的；我国的森林覆盖率不到20%，却是出口一次性筷子的大国，中国每年生产450亿双一次性筷子，需要砍伐2500万棵树。2500万棵树，这得造成多少水土流失?! 你还使用吗？

远离这8种致命的坏习惯

在这一章的开篇，我们讲了坏习惯的危害和带来的悲剧，看得人心惊胆寒。是的，有些坏习惯，我们千万不能染上，一旦养成了某种坏习惯，它可能会毁了我们一生。美国著名教育家曼恩曾经说："习惯仿佛一根缆绳，我们每天给它缠上一股新索，要不了多久，它就会变得牢不可破。"

▨▨▨▨ **如果好习惯是我们的盾牌，那么坏习惯就是枷锁、牢笼，一旦养成，很难解脱。**

大哲学家柏拉图有一次就一件小事毫不留情地训斥了一个小孩，因为这个小孩总在玩一个很愚蠢的游戏。小孩不服气地说："您为一点鸡毛蒜皮的小事而谴责我，我觉得您太小题大做了！"

"但是，你经常这样做就不是鸡毛蒜皮的小事了。"柏拉图回答说，"你会养成一个终生受害的坏习惯。"

这是一个很经典的案例。柏拉图绝不是小题大做，偶尔玩一次愚蠢的游戏确实无足轻重，但两次三次，就会成为习惯，就会终生受害。

坏习惯就是这样，很多时候它对你的影响都是致命的。下面这8种坏习惯，希望你能防微杜渐。

一、懒惰

传说有一位懒汉，懒到出奇，他妈妈去走亲戚，怕饿着他，便烙了一个大饼套在他的脖子上，好让他不动就能吃到。但等妈妈回来，却发现他已经饿死了，因为他只吃了嘴边的一些饼，连转动一下都懒得做。也许这有点夸张，但道理很明白：懒惰到一定程度会饿死你。我们常常听到的"怎么不懒死你啊"，大概就是从这儿来的。"懒得做作业""懒得起床""懒得动"，似乎很多人都犯有这样的毛病。岂不知，"懒惰像生锈一样，比操劳更能消耗身体"；懒惰犹如精神病毒，它侵蚀着你的心理、身体。所以有人说，"懒惰等于将一个人活埋"。懒惰是我们第一个要警惕的坏习惯！

二、马虎

很多人都知道"小数点的故事"：德国的某载人航天飞机，因为科学家在某项计算上少点了一个小数点，结果导致航天事故，宇航员牺牲。就是因为这一个小小的小数点，让千挑万选出来的宇航员丢了性命，这损失该有多大啊！粗心马虎要不得。生活中也是一样，如果工厂生产配料时比例搞错，将会造成产品质量的大问题；如果往农作物上施农药，浓度搞错就会使人吃了中毒；如果医生粗心马虎，给病人开错了药，就是人命关天的大问题……如果你在中考、高考考场上粗心马虎，可能就会因此改写人生！杜绝马虎的坏习惯，你的成功会像走捷径一样快。

三、攀比

现在的很多孩子，由于受某些不良风气的影响，喜欢相互攀比，比谁的家里有钱，比谁的父母有本事，比谁的衣服漂亮昂贵，等等。你追我赶，结果造成的都是悲剧，比如偷家里的钱，逼迫父母买名牌，堕落、加入社会非法组织。攀比是人生最大的死敌，因为它能剥夺你所有的幸福和快乐。心理学家说：世界上最大的烦恼是来自比较。攀比心理要不得，否则你就成了"不满足"的奴隶，受累一生。有句话叫"人比人气死人"，攀比可是致命的恶习。所以，攀比的恶习要坚决杜绝。

四、冲动

我们都知道一句话："冲动是魔鬼"，可见冲动的坏处和危害。无论什

么事情，我们只要一冲动，结果必然很糟糕。冲动地跟人吵了一架，冲动地买了昂贵而不实用的东西，冲动地离家出走等等，哪一件有好结果呢？据相关人士统计，冲动也是让未成年人走上法庭的主要原因之一，比如高三学生为了一盆脏水伤人命，中学生为了一句话街头杀人等，想想真可怕。冲动会让你思维受限，往往找不到问题的最佳解决方式，一旦出了什么问题，后悔莫及。戒除冲动、急躁，也是我们的重要功课。俗话说，心急吃不了热豆腐。凡事要三思而后行，处变不惊，才能成大器。

五、消极悲观

生活中我们常常会见到这样的人：对什么事情都没兴趣，没激情，学习不上心，预料自己考不上好学校，感觉未来很渺茫，觉得活着没有意义，整天不是无精打采，就是敏感多疑。这样的人，谁看了都要摇摇头。这就是消极悲观的人。他们凡事想到的不是积极面对、解决，而是消极面对，任其发展，感觉自己主观上怎么努力也不会有好的结果，悲观情绪严重，极度缺乏自信心。消极悲观的人通常没有什么快乐的事、快乐的时光和让他们能够信任的朋友，他们多数时候比较自闭、敏感。有人形容，人生观消极、悲观的孩子，就像个没有生命力的洋娃娃一般，不仅丧失了进取的激情，更是很难品味到生活的美好。你说这不是很要命吗？千万不能养成消极悲观的坏习惯！我们生来就是要创造和体验成功的，在创造和体验成功的过程中所产生的喜怒哀乐、酸甜苦辣使我们的生命有滋有味，这样生命才有意义。往好处看，往美好的一面看，世界就会完全不一样。

六、光说不做

光说不做的人最讨厌，比如有人答应你一件事，到了时候没有动静；比如某个人吹嘘他能怎么样，但你看不见他的结果，因为他根本没去做。这就是没有执行力，很难把一件事付诸实践。一旦养成这样的习惯，整个人也废了一半了，有再先进的思想、技能又能怎么样？不动手等于一无所有！没有执行力也是一件很可怕的事情，比如学习目标很伟大，口头誓言也言之凿凿，但就是没有去实施，三年过去了，别人考上了大学，你落榜回家，人生走上了不同的道路，假如这样的毛病一直延续到你的生活里，当别人成功的时候，你还是羡慕嫉妒恨，望洋兴叹，你会永远都是失败者。你想做一个永远的失败者吗？不想，那就别染上光说不做的坏习惯。

七、抽烟喝酒

可以说人人都知道抽烟喝酒是陋习，可就是不知道为什么还有那么多人在抽烟喝酒。烟盒上明明白白写着"抽烟有害健康"，还是有很多不怕死的人每天都在抽；因喝酒致死的人每天都有，还是有很多人在喝。一是传统文化的影响，二是个人没有自制力和自觉性。染上抽烟喝酒的习惯后，就等于主动给生命添加了一道阴影。我们来看看危害有多大：抽烟是心脑血管疾病、癌症、慢性阻塞性肺病等多种疾患的重要致病因素，已成为继高血压之后的第二号"全球杀手"。香烟中含有尼古丁、焦油、一氧化碳、数十种刺激物质及四十种以上的致癌物，据统计，全球每年有 500 万人死于与吸烟有关的疾病。大量饮酒会严重伤害胃、肝脏、心脏以及生殖系统，并且会导致暴力事件和意外死亡。虽然少量饮酒有益健康，但很多人把握不好一个度。有些青少年憧憬成人的形象和地位，以抽烟喝酒来显示自己的成熟感及魅力，其实这是最不成熟的表现。爱惜自己，远离烟酒。

八、饮食凌乱

饮食凌乱是说除了饮食没规律外，还乱吃东西、不注意卫生等。现在甚至还有一种新型疾病为"饮食混乱症"，专门针对青少年而言的，比如减肥节食、暴饮暴食、全吃素等，都是症状的表现。身体是革命的本钱，青少年正是长身体的时候，如果我们不注意饮食，造成的危害将会祸及一生！吃饭没规律、零食不离手、爱吃路边摊、减肥不吃饭，这些习惯都是坚决要杜绝的，否则伤害了身体后悔莫及。没有好的饮食习惯，就没有好的身体素质；没有好的身体素质，就没有好的未来前程。爱自己，从健康饮食开始吧！

有调查表明，人们日常活动的 95% 源自习惯和惯性。小到我们几点钟起床，怎么洗澡、刷牙、穿衣、读报、吃早餐，握笔姿势以及双臂交叉等微不足道的事，大到我们的工作步骤，如何与人相处，喜欢哪些书籍，我们的健康、性格等，都与自身习惯分不开。一个人要想有所成就，从小就要注意，养成好的学习、生活、工作习惯，做到"洁身自好"。如果有了一些坏

习惯，就要想办法克服掉。但克服坏习惯不容易，必须下决心，持之以恒，三天打鱼两天晒网肯定不行。

成长睿语

莎士比亚曾经说过："习惯就像一根绳索。我们每天都织进一根丝线，它就会逐渐变得结实，不能断裂，把我们牢牢固定住。只要今天能做到有所节制，下次就很容易做到，再下次就更容易做到。因为习惯可以改变人的本性，它要么阻止人性中的邪恶，要么使其更为放纵。"好习惯可以帮你成功，但坏习惯将注定你的失败。

第六章

心灵强大者赢天下

心灵的强大力量

著名作家毕淑敏曾写过一本书叫做《心灵的力量》，近两年还有一本畅销书叫《世界如此险恶，你要内心强大》，光从书名来看，我们就能知道，心灵有着很强大的力量。心灵的力量我们看不见摸不着，但它的强大往往让我们惊讶，它比身体的强壮更能左右我们的命运。是成功还是失败，是自信还是自卑，我们会走向哪一个方向，这都取决于我们的心灵。我们的内心装有什么，我们的心灵就有着什么样的力量。不管你是向前还是退后，它都能助你一臂之力，让你勇往直前、平步青云抑或溃不成军、落花流水。

我们每个人都会受伤害，面对同样的伤害，内心强大的人会懂得安慰自己，并对未来充满希望，而内心弱小的人，只会伤心、抱怨，对前途悲观失望。与其说每个人都有自己的命运，人生各不相同，倒不如说我们自己打造了自己的人生。

有这样一则小故事：

一天，一位老人在村口遇到一个小伙子，小伙子问老人说："老头，这里的人坏不坏？我打算搬到这里来住。"

老人没有抬头，只是问他："你原来住的地方的人坏不坏？"

小伙子说："他们真是坏透了，所以我才想搬家。"

老人说："那你走吧，因为这里的人们和你原来住的地方的人一样坏。"

过了一会儿，来了一位年轻的姑娘，她低头问老人："老爷爷，你好！请问这里的人们好不好？"

老人抬起头向她问了同样的问题："你原来住的地方的人好不好？"

姑娘回答说："我原来住的地方的人好极了，我非常喜欢他们，只是因为工作的需要，我不得不搬家。"

老爷爷微笑着说："姑娘，你来吧，因为这里的人和你原来住的地方的人一样好。"

故事中的小伙子，无论到哪个地方，都可能碰到"坏人"；而故事中的姑娘，无论到天涯海角，都会受到欢迎。如果你的内心没有阳光，就算周围一片光明，你也会感到灰暗；如果你的内心充满阳光，就是在黑暗中也能看到希望。心态决定我们的生活和人生。

对很多人来说，由于缺乏正确的认知和必要的训练，他们多年来一直跋涉在心灵的黑暗深处，耽于幻想、意志薄弱、害羞、胆小、害怕冲突、自卑、心理素质差等等，从而导致内心不够强大，很容易被他人影响和控制。很多人无法承受一点委屈，当被人误解和冤枉时，往往感觉心里很受伤。其实，一个内心真正强大的人，是没有人能伤害他的。因为，内心强大的人，他不活在别人的眼光里。即使全国的人以他为敌，即使全世界的人误解了他，孤立了他，他也能够淡然而坚定地生活。在这个时候，这个最孤独的人，就是世界上最有力量的人。有句话叫做"经得起多大的诋毁，就受得起多大的赞美"，这就是内心强大的最真实的体现。内心强大的人不失眠、不焦虑、不急躁，随时随地作人生中最坏的打算，往最好处追求。一切灾难与痛苦，都早在他的生命中思量过了，甚至丰富真切地体验过了。

现代社会，每个人都会面对强大的社会压力，学习的、事业的、身体的、生活的，等等，如果我们的内心不够强大的话，很难应付各种压力。

如果我们心中阴冷灰暗，就会自己把自己打垮，甚至毁灭，而如果我们心中阳光明媚，即使身处逆境，也能于风雨之后迎来彩虹。

我们改变不了环境，但我们可以改变自己；我们改变不了事实，但我们可以改变态度；我们不能样样顺利，但我们可以事事尽心。

有段话说得特别好，希望你能记下来：

我不依靠任何人给我幸福，任何人的爱对我的人生只是锦上添花，而不是生命之源。这爱来了，这爱存在，我很快乐；这爱没了，这爱切断了，我会伤感，却不会绝望。因为，我始终知道，幸福和快乐，是自己给予自己的。

▨▨▨ 成长睿语 ▨▨▨

青年学者石勇说，一个人在心理上输了，很多时候在这个世界上就输了。心理弱小者不仅难以避免自己被人在心理上吞食，甚至有可能因为自己内心的弱小，而输掉整个人生。所以，我们一定要锻炼一颗强大的内心。从今天起，让我们做一个强大自我的主人！

成功源自内在的驱动力

著名教育家鲁稚老师说：孩子真正的成功都是源自内在动力。她举了一个这样的例子：

郎朗小时候，父亲带他远离老家，到北京学琴。在报考中央音乐学院期间，他被老师拒绝，才华不被认可，父亲深受重创，几近崩溃，以严厉到近乎病态的方式督促他练琴。他不堪忍受，于是父子发生了严重冲突。冲突中，父亲暴跳如雷，甚至让他去死，这给郎朗带来了很大的伤害，以至于在很长一段时间内，他不仅拒绝弹琴，而且连学校的其他文艺活动，凡是与音乐有关的，都拒绝参加。父亲的强制和冲动已使他产生了痛恨音乐的感情，就在这时候，他的二叔告诉他，不要生钢琴的气，钢琴没有伤害你，你是热爱钢琴的。经过一段时间的反思和调整，郎朗又回到了钢琴旁边，因为他无法放弃对音乐的爱，他的内心渴望取得成功。

如果不是郎朗对音乐的爱，如果不是他自己内在的天赋和才华，不是他本身对成功的渴望，父亲这种近乎疯狂的教育，不仅不能使他成功，反而可能毁了他，让他连普通人都做不好。

纵观历史上的成功人士，也大抵如此：

项羽在少年时，有一次看到秦始皇南巡的壮观景象时，就对其叔父说："我可取而代之！"吓得其叔父忙掩其口，他却说："大丈夫本当如此，才不负平生之志！"最后，他成就了霸业。南朝时的宗悫，在十三岁的时候，一次有人问他："你长大之后想做什么？"他充满自信地说："当乘长风破万里浪！"所以，他才能在以后的岁月里，意志坚定，勇往直前，不畏艰难，创下许多宏伟业绩，最后成了一代名相。少年时代的毛泽东，在十四五岁的时候，因读了一本《英雄传略》，便决心要做中国的林肯，并对自己的能力坚信不疑，为了实现这一伟大的人生目标，他勇敢地走出了韶山冲……

他们之所以能取得成功，就是因为他们内心有着强大的动力，激励着、驱动着他们勇往直前，直到走向成功，实现自己的人生梦想。

什么是内在的驱动力？那就是内心的梦想、追求、渴望、信念、热爱、信仰、动机、目标，它们构成了一种巨大的力量，像蕴藏在心中的一团永不熄灭的火焰，引领着我们走向成功。

有了内在的驱动力，当我们遇到问题的时候，就会表现出"我能！""我行！""我一定能成功！"的心态，这样，当然容易获得成功。反之，会表现出"我能吗？""我行吗？""放弃吧？"这样消极的心态，或者连想都不想就否定了自己，这样往往会与成功失之交臂。

有这样一个寓言故事：

有一只小鹰不小心掉到了鸡窝里，然后由鸡抚养大。小鹰和其他小鸡一起成长，它一直认为自己是一只普通的小鸡，所以做什么事情都像鸡一样。有一天，小鹰看见一只矫健的大鸟在空中翱翔，它那黑色的翅膀是那样有力，一振就能直穿云霄。

"好美的鸟啊！它叫什么？"小鹰向身边的小鸡问道。

"那是一只鹰，是鸟中之王。"那只鸡回答说，"但你再羡慕也没用，你永远也不能像它那样飞翔。"

结果那只小鹰再也没有想过这类事，它从未试图高飞，尽管它和身边的鸡一点都不一样，它慢慢老了，死了，到死心里也一直把自己看成是一只鸡。

那只说它永远也不能像鹰一样飞翔的小鸡，就像捂着项羽嘴的叔父，不同的是，小鹰直接切断了它的梦想，因为它自己内心根本就没有强烈的飞翔的渴望。

生活中，有许多人就是这样，明明是真正的"鹰"，但他们自己却没有觉察到，胸无大志，内心没有进取的动机。结果，到头来，他们只是"小鸡"。

一个人做事需要动力，就如同汽车需要发动机一样。没有发动机，汽车是不能运行的；发动机马力小了，汽车运行速度慢；当发动机的马力加大到一定程度时，汽车才可以达到高速运行。我们现在的学习、将来的事业，也都是这样，没有动力，将会一塌糊涂，一事无成。

让我们看看下面的事例：

被称为"IT 玫瑰"和"中国 MP4 第一人"的张亚玲女士，是美国 SONOS 亚洲区董事、总经理。她将 MP4 带入中国，改变中国移动人群的娱乐方式，促进中国消费电子市场的发展，改变人们的生活，并且创造了一个产值几百亿元的新行业。她纤细的身体里蕴藏着不可思议的能量。记者问她："是什么让你如此富有激情？"她说："外在的激情都是源于内心的力量。我的内心力量来自于小时候的经历和教育，还有对人生逆境的感悟。"正是这种力量让她一路披荆斩棘，创造了一个又一个辉煌。

无数成功人士的经验都告诉我们，他们的成功并非是因为他们的幸运，而恰恰是因为内心的力量在支撑着他们，不管遇到什么挫折和失败，他们都坚信自己必将走向成功。我们也要培养这种内在的力量，来帮助我们顺利走向未来、走向成功。

成长睿语

　　美国一位著名的教育家说过："你可以把一匹马领到河边，却不能让它喝水。"是的，除了你自己，没有人可以左右你的行为，只有你内心认定了，你才可能实现梦想。学习也是如此，老师的作用只不过是把你领到一桌丰盛的宴席前，告诉你这道菜营养丰富。如何去吃，吃与不吃，吃多吃少，最终还要看你的爱好与喜欢程度。爱因斯坦说："有天赋的人很多，而成功与否关键看你对从事的事业的热爱与勤奋。"热爱，是我们内在动力的基础。

坦然面对挫折，勇于挑战困难

有一部电影叫做《站直了，别趴下》，不知道你看过没有。电影里讲了这么一群人：由于时代的发展，人们的生活和思想发生了巨大的变化，原本颇有尊严的人开始惶惑，自视甚高的人趋于猥琐，而本来被人瞧不上眼近于无赖的人却获得了尊严。电影在诸多的细琐小事中展现出他们观念和心理上的得志和屈辱、升迁和没落。时代不同了，社会变化了，怎么办？勇于面对变化和挫折，站直了，别趴下！

现实生活中也是一样，因为人生不都是一帆风顺的，我们总会遇到变化、困难、挫折，总会有让人头疼的问题出现。

▋▋ 如果不能很好地应对这些状况，那么我们必将失败，甚至寸步难行。

一家跨国大公司招聘员工，一位高才生去应聘，发榜后，看到没有自己的名字，深受打击，他一向那么优秀，怎么可能会落榜呢？他不能接受这个现实，觉得人生了无生趣，于是跳河自杀，不过没死，被好心人救起了。后来公司发现他考的分数是第一名，抄分的时候抄错了。高才生马上欢天喜地去报到，但老板却无论如何也不肯收他，理由是："这么一点挫折便要跳河，到公司后遇到更大的挫折怎么办？"

是啊，比应聘不成功大的困难多了去了，他以后怎么办？如果你是老板，你也不敢要这样的员工吧？

假如是抗挫能力强的呢？那将会是另外一种情形了：

一位犹太人到一家公司去应聘清洁工，职员问他："你会写字吗？"他回答："只会写自己的名字。"于是他没被录用。连应聘清洁工都失败的难堪并没有击败这名犹太人，他反而开始发愤图强，后来做生意成了一位大富翁。当他在自己豪华的会议室举行记者招待会时，记者说："您的致富史真是太伟大了，您该写一本自传。"他说："那是不可能的。如果我会写字，我只能是个清洁工。"

看看，结局截然不同。具备抗挫折能力是何等重要啊！

海明威在《老人与海》中写道："人可以被毁灭，但不能被打败。"勇敢的人，在面对挫折时，只会越挫越勇，把困难变成自己的勇气。

史蒂芬·霍金，英国剑桥大学应用数学及理论物理学系教授，广义相对论和宇宙论专家，是当今享有国际盛誉的伟人之一，被称为在世的最伟大的科学家，还被称为"宇宙之王"。但我们同时也知道，他是一位坐在轮椅上，不借助仪器连话也不能说的老头。看看这位"大神"的经历吧：

他出生时，家乡伦敦正处在希特勒的狂轰滥炸中，他和妹妹在伦敦附近的小镇度过了自己的童年。

他在17岁时进入牛津大学学习物理，但并不是一个用功的学生，在学校里他与同学们一同游荡、喝酒、参加赛船俱乐部，但他的运动水平低到让人惨不忍睹。到牛津的第三年，他注意到自己变得更笨拙了，有一两回没有任何原因地跌倒。一次，他不知何故从楼梯上突然摔下来，当即昏迷，差一点死去。

刚过完21岁生日，他就被确诊患上了"卢伽雷氏症"，运动神经细胞日渐萎缩。大夫对他说，他的身体会越来越不听使唤，只有心脏、肺和大脑还能运转，到最后，心和肺也会失效。霍金被"宣判"只剩两年的生命。

1970年，在学术上声誉日隆的霍金已无法自己行走，他开始使用轮椅。一天，他坐轮椅回公寓的路上被小汽车撞倒，左臂骨折，头被划破，缝了13针，但48小时后，他又回到办公室投入工作。又有一次，他和友人去乡间别墅，上坡时拐弯过急，轮椅向后倾倒，这位引力大师却因地球引力翻倒在灌木丛中。

1985年，霍金做了一次穿气管手术，从此完全失去了说话的能力。他就是在这样的情况下，极其艰难地写出了著名的《时间简史》，探索着宇宙的起源。

……

就是这样的坎坷命运，让常人几乎无法想象，但霍金不但没受到多大的影响，还做出了超过常人很多的成绩。如果没有坦然面对挫折的勇气，没有勇敢挑战困难的精神，他能战胜坎坷的命运做出惊人的成就吗？

回头看看我们中间的一些人，真是让人汗颜：娇气十足，不管是在家里还是在外边都是"小皇帝"脾气，遇到困难缺乏坚韧不拔精神，不敢承担责任，受了委屈以后，回到家便大哭起来，而且很长一段时间都会无精打采、垂头丧气，甚至从此一蹶不振。假如一直是这样的话，我们怎么可能成功呢？

生活中即便没有大风大浪，也有险滩危机，有些挫折或许可以躲避，但大部分却是无法躲避的，比如考试失败，家庭变故，突遇危险，等等，怎么办？只要做到坚强和勇敢，与其转身而逃，不如迎头痛击，"狭路相逢勇者胜"，我们的勇气会让我们化险为夷、顺利过关。

成长睿语

巴尔扎克说："苦难对人生是一块垫脚石，对于勇敢的人是一笔财富，对弱者则是万丈深渊。"挫折具有两重性，既有消极的方面，也有积极的方面，两者可以在一定的条件下互相转化。而一个受不了委屈、经不起挫折、害怕困难的人，是不可能在激烈的竞争中站住脚的。

从容淡定，宠辱不惊

有两句诗非常有名，也许大家都不陌生。那就是：宠辱不惊，闲看庭前花开花落；去留无意，漫随天外云卷云舒。什么意思呢？就是说，为人处世能视宠辱如花开花落般平常，波澜不惊；视取舍去留如云舒云卷般变幻无常，不去在乎。这是为人处世的至高境界，也就是我们平时所说的"淡定"。淡定地看待人生，从容地面对生活，我们就能活得悠然自得，自由快乐，活出一种范儿，活出一种境界。

让我们看看著名学者马寅初先生的淡定：

著名学者、北京大学原校长马寅初先生，曾因其"新人口论"获罪，后来被革职。当他的儿子将他被革职一事告诉他时，他只是漫不经心地"噢"了一声。数十年后拨乱反正，仍是他儿子告诉他平反的喜讯，马老也只是轻轻地"噢"了一声。

这就是境界，一种宠辱不惊的心态跃然纸上，令人敬佩。

再让我们品味一下富兰克林·罗斯福的境界：

曾任美国总统的富兰克林·罗斯福，一次家

中被盗，被偷去很多东西。他的朋友写信安慰他。罗斯福回信说："谢谢你来信安慰我，我现在很平安。因为：第一，贼偷去的是我的东西，而没有伤害我的生命；第二，贼偷去我部分东西，而不是全部；第三，最值得庆幸的是，做贼的是他，而不是我。"

这就是淡定，面对失去不悲不丧，从中看到让人欣然的一面，真是高明。

人生在世，总是有福有祸，有得有失，祸福无常，得失难测，唯有豁达从容，才能顺利应对。故人言，月有阴晴圆缺，人有旦夕祸福，不计较一城一地的得失，得之淡然，失之泰然，方能成大事。

我们要想成大事，也要练就这样一种心态。只是，说起来容易做起来难，这要经过经验的累积、岁月的洗礼。当我们还青春年少，不易把握人生方向时，我们可以去慢慢磨炼。

▌▌▌▌ 读读下面的故事：

有一位大学生，参加了学生会学习部部长的竞选，初选的战绩还不错，在 10 个候选人当中，他名列第二，老师同学都说他胜利在望，鼓励他再接再厉。然而，又经过几轮的比赛，他渐渐落后，当结果出来的时候，他连个副部长都没有当上。

他沮丧到了极点，整天无精打采，不想上课，不想见人，他觉得这个冬天一切都结冰了。辅导员找到他，把他叫到办公室，什么也没说，倒上一杯热水，又倒上一杯冷水，笑着问他："如果我把它们拿到室外，你说哪一个杯子里的水先冻上？"他不假思索地说："肯定冷水先冻上了！它的温度低，更容易接近结冰的温度嘛！"

辅导员笑了笑，说："好，那咱们试一试，看看到底哪一杯水会早一点结冰。"他看着辅导员把两杯水拿到了窗外，心里想辅导员真是奇怪，这还用证明吗？过了一会儿，辅导员和他一起来到窗前观看，令人吃惊的是，热水已经上冻，可那杯冷水还没有。

　　辅导员看了看他，笑了笑说："一颗燥热的心如这杯热水一样，在遭遇寒流的时候，更容易被冻结。而一颗平静的心就像这杯冷水，在遭遇寒流或者燥热的时候，会保持自己那云卷云舒的心态。"

　　他似乎明白了一点什么，点点头。

　　然后，辅导员又倒了两杯水，一杯是热水，一杯是冷水，接着又从冰箱里拿出一个冻苹果，切成两块，一块放进热水杯里，一块放进冷水杯里，然后问他："你说，哪一个杯子里的苹果先解冻？"

　　这次他不敢贸然回答了，不确定地说："应该是热水杯里的先解冻吧？因为冰块遇热后，应该会迅速融化，而冷水的温度本来就很低，所以它没有足够的热量来解冻吧？"

　　结果又令他大吃一惊，冷水泡过的苹果虽然外面包着一层薄冰，而整块苹果却是软软的，已经解冻了。而热水泡过的苹果，虽然外层是软软的，但它的内部却是硬邦邦的，还没有解冻。

　　他无语了。辅导员说："一颗冰冷的心如同这个冻苹果，当它被燥热的水所浸泡的时候，解冻是漫长的，而如果把它浸入冷水中，让它慢慢融化，不躁动、不急切，不慌不忙、从容不迫，就会很快解冻的。"

　　他开始体会到辅导员老师的良苦用心，学着用一颗冷静、淡定的心去思考过去的落选，应对现在发生的事情。在后来的大学时光里，他依然在热烈地追求自己的梦想，只不过总会给自己炽热的心不时降降温，因为他知道，追求得越是狂热，可能受到的打击也就越大。一颗淡定的心，才是获得成功的法宝。

　　你的生活里，是不是也遇到过这样的事情呢？如果有，你也可以学习学习这位大学生。

　　现在的人，不管是青少年还是成年人，大多觉得活得很累，不堪重负。大家很是纳闷，为什么社会在不断进步，而人的负荷却越来越重呢？因为社会越是发达，我们所面对的诱惑越多，我们计较的也会越多。红尘的多姿、

世界的多彩令大家怦然心动，名利皆你我所欲，又怎能不忧不惧、不喜不悲呢？这样一来，心理负担一下就大起来了。

面对如此丰富多彩的世界，我们更要学会淡然处之。明确自己的生存价值，认清自己所走的路。得之不喜，失之不忧，不过分在意得失，不过分看重成败，不过分在乎别人的评价，只要自己努力了、奋斗了，做自己喜欢做的事，按自己的路去走，其他都无所谓。

成长睿语

著名的社会活动家、杰出的爱国宗教领袖赵朴初先生曾写道：生亦欣然、死亦无憾；花落还开，水流不断；我今何有，谁欤安息；明月清风，不劳寻觅。这真是一种宠辱不惊、去留无意的达观、崇高的精神境界啊！只有做到了从容淡定、宠辱不惊，才能心态平和、恬然自得，才能达观进取、笑看人生。

千里之行，始于宁静

夏天的时候，我们常常听到这样一句话：心静自然凉。是说如果你心静了，就会感到凉快；你之所以感觉燥热，不但有天气的原因，还有你心不静的原因。

确实如此，假如你在专心干一件事情，或者全神贯注地看电视，你就不会感到天气的炎热，也不会知道周围的变化。这就是心静的效果和力量。

内心宁静，能让我们忽略天气和季节；内心宁静，能让我们不随人事的变动而情绪起伏；内心宁静，你才能敏锐体会到世间的更多美好。心无杂念，世界清明，就是这个道理。

犹太哲学家、文学家约叔亚·罗斯·李普曼曾写过一篇很出名的短文：

曾经，当我是一个充满了丰富幻想的年轻人时，着手起草了一份被公认为人生"幸福"的目录。就像别人有时会将他们所拥有或想要拥有的财产列成表一样，我将世人企求之物列成表：健康、爱情、美丽、才智、权力、财富和名誉。

当我完成清单后，我自豪地将它交给一位睿智的长者，他曾是我少年时代的良师和精神楷模。或许我是想用此来加深他对我早熟智慧的印象。无论如何，我把清单递给了他。我充满自信地对他说："这是人类幸福的总和。一个人若能拥有这些，就和神差不多了。"

在我朋友老迈的眼角处，我看到了感兴趣的皱纹，汇聚成一张耐心的网。他深思熟虑后说："是一张出色的表单，内容完整详细，记录顺序也合理。但是，我的年轻朋友，好像你忽略了一个要素。你忘了那个要素，如果缺少它，每项财产都会变成可怕的折磨。"

我立刻暴躁地逼问："那么，我遗漏的这个要素是什么？"

他用一小段铅笔划掉我的整张表格。在一拳击碎我的少年美梦之后，他写下三个字"心之静"。"这是上帝为他特别的子民保留的礼物。"他说道。

上帝赐予许多人才能和美丽。财富是平凡的，名望也不稀有，但心灵的宁静才是他允诺的最终赏赐，是他爱的最佳象征。他施予它的时候很谨慎，多数人从未享受过，有些人则等待了一生。是的，一直到暮年，才等到赏赐降临他们身上。

没有心灵的宁静，什么健康、爱情、美丽、才智、权力、财富和名誉，全都是可怕的折磨。这是多么振聋发聩的哲理啊！

人生犹如一场旅行，每个人前面都有一条通向远方的路，崎岖但充满希望，我们孜孜不倦地追求那些美好的风景，毫不怀疑前方有幸福等待着我们。然而，不是人人都能走到终点，因为总有人因为没倒掉鞋里的沙子而疲惫不堪，半途而废。那些沙子里夹裹着浮躁、抱怨、攀比、急功近利、偷懒消极等等。

生活是一望无际的大海，每个人都是大海上的一叶小舟。大海没有风平浪静的时候，生活没有永远的晴天，我们不能驾驭大海，只能掌舵我们自己的内心，朝着太阳升起的地方倾尽全力。

古语云，宁静致远。只有内心宁静，我们才能在人生的旅途上收获一路美景；只有内心宁静，我们才能在生活的大海中不迷失方向；只有内心宁静，我们才能走得更远。

让我们记一记这些智慧的文字吧：

当生活的困扰袭来，请丢下负荷，仰头遥望明丽、湛蓝的天空，让温柔的蓝色映入心田。就像儿时玩得疲倦了，找一块青青的、软软的草地躺下，任阳光在脸上跳跃，让微风拂过没有褶皱的心。

当层层失意包围你，请打开窗户，让沁人心脾的新鲜空气走进来，在芬芳甘甜的泥土气息中寻找一丝宁静，就像儿时，拿起蒲公英的细须，鼓起两腮吹开一把又一把的小伞，带着惊喜闭上眼睛，许下一个心愿。于是，心中便多了一份慰藉与欣喜。

当无奈的惆怅涌来，请擦亮眼睛，看夕阳的沉落，听虫鸣鸟叫。就像儿时在小院里听蛐蛐的叫声，抬头数天上闪烁的星星。于是，一切令人烦恼的嘈杂渐渐隐去，拥有的是一颗宁静的心。

守住一颗宁静的心，你会由衷地感叹：即使我不够快乐，也不要把眉头深锁，人生本短暂，为什么还要栽培苦涩？

守住一颗宁静的心，你会明白博大可以稀释忧愁，宁静能够驱散困惑。是的，没有人知道远方究竟有多远，但是打开心灵之窗，让快乐的阳光和月光涌进来，宁静之心便有了一支永不熄灭的快乐之歌。

守住一颗宁静的心，你便可以不断超越，不断向自我挑战。即使远方是永远的远方，也会诞生一种东西——奇迹。

人生之旅，千里之行，平安顺畅，始于宁静。有一颗宁静的心灵，无论顺境逆境，都能坦然接受、自然放下，从而解脱自在、享受生命。

成长睿语

哲学家说，心灵宁静的人最有力量。世界不是一块净土，但我们的心灵却可以是一块净土，即便世界再浮躁，我们也能保持内心的宁静。这样，我们的幸福就不会依赖于外界——不为物质所役，不为名利所累，不被别人的善恶左右——而来自自身，在任何环境里我们都可以进退自如，感受自己心灵的力量，体验宁静的幸福。

学会调节情绪，人生不失控

每个人都有这样的经验：跟别人产生矛盾的时候，特别是抬杠的时候，怒气一下就上来了，像一团火突然窜到了大脑里，于是争吵无法遏制地爆发。可是吵完之后呢？时常有点后悔，有时特别后悔，尤其是跟父母、好朋友吵架之后，事后往往自责怎么没有控制好情绪，怎么那么冲动。

这就是我们的愤怒情绪，在诸多情绪里它是最不好控制的一种。

一个人在愤怒的时候非常容易冲动，情绪不能自控，有时会做出失去理智的事。生活中，我们经常看到有人发脾气，也经常看到有人因为发了脾气而将事情搞得一塌糊涂。

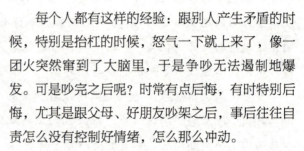

所以有人说，1%的坏情绪，很可能导致最后100%的失败。

1965年9月7日，世界台球冠军争夺赛在纽约举行。路易斯·福克斯胸有成竹，十分得意，因为他的成绩远远领先于对手，只要顺利发挥一下，再得几分便能登上冠军宝座。然而，正当他准备全力以赴拿下比赛时，发生了一件令他意料不到的小事：一只苍蝇落在了主球上。路易斯没有在意，挥了挥手赶走苍蝇，然后俯下身准备击球。可当他的目光落到主球上时，这只可恶的苍蝇又落到了主球上，他又挥了挥手赶跑它。这时观众席上发出了笑声。正当路易斯俯身准备击球的时候，这只苍蝇好像故意要和他作对，又落在了主球上。这样，路易斯和苍蝇之间的周旋，惹得现场的观众笑得前仰后合。

此时，路易斯的情绪显然恶劣到了极点，当那只苍蝇又落在主球上时，路易斯终于失去了冷静和理智，愤怒地用球杆去击打苍蝇，一不小心球杆碰动了主球，裁判判他击球，他因此失去了一轮机会。

路易斯沮丧地离开赛场，第二天早上有人在河里发现了他的尸体。他投河自杀了。

一个人如果不能控制自己的情绪，不仅在人生长跑中无法触摸到成功的终点线，而且，情绪失控也会让生活变得一团糟，以至于让自己悔恨终生。

读读下面的故事：

一天，一位女士发现孩子放到抽屉里的钱少了100元，百寻不着，为此，她厉声质问丈夫是否偷拿了。丈夫听了火冒三丈，于是夫妻大吵一场，整晚都没睡好。

第二天，丈夫听保姆说，她在帮孩子洗衣时，发现她口袋里有一张100元的钞票。他一听，顿时怒不可遏，对着女儿"啪！啪！"两巴掌，并极为愤怒地骂了女儿。

女儿可爱的小脸颊被爸爸重重一打，顿时红了起来，嘴角也流了血，号啕大哭。

这一打不要紧，由于孩子小，父亲的巴掌重，小孩的耳膜破裂，一个耳朵全聋，另一个耳朵半聋！当夫妻俩听到医生的诊断后，后悔得肝肠寸断。

现在，女儿已经是初中二年级的学生。虽然她个子高，却坐在教室第一排，因为她的左耳完全听不见，右耳必须戴助听器。

女儿十分乖巧，但听觉障碍却造成她个性相当内向、自闭！爸爸万分自责，为自己的粗鲁懊悔不已，由于他一时的冲动，给女儿带来终生伤害。他几乎是亲手把活泼可爱的女儿的一生给毁了！然而，一切都已经无法挽回！女儿为爸爸的冲动付出了惨重的代价，而爸爸也将为自己的情绪失控而承受一辈子的自责和内疚。

不仅仅是愤怒，其他坏情绪也一样是危害极大。比如伤心、焦虑、孤独、抑郁、烦躁不安、紧张恐惧等，如果不能合理排解、有效控制，对我们的身心就会造成危害，给生活带来困扰。

人不可能永远处于好情绪中，生活中既然有挫折、有烦恼，就会有消极的情绪。一个心理成熟的人，不是没有消极情绪的人，而是善于调节和控制自己情绪的人。

当坏情绪来袭时，我们应以理智克服情感上的冲动。当你在生活中遇到困难与挫折时，可以换个角度考虑，告诉自己"塞翁失马，焉知非福"，让情绪稳定下来，也可以选择在一个恰当的场合以一种恰当的方式发泄出来，或是转移自己的注意力，如参加运动，通过散步等来放松自己的心情。即将发怒的时候深呼吸，让自己想想冲动的后果，三思而后行，也能减少盲目的冲动和无谓的争吵。另外，我们也可以采取其他方式排解不良情绪，比如向朋友倾诉、适当哭泣、多参加娱乐活动、找心理辅导老师、写日记发泄等等。

学会控制情绪，我们以后的人生才能不失控。

成长睿语

生活中，总会有一些不愉快的事情发生，会影响到我们的情绪。我们要学会调节自己的情绪，做自己情绪的主人，而不是受情绪的控制，做情绪的奴隶。没有人会看重一个情绪失控的人，因为情绪失控是一种不成熟的表现。一个人的情绪失去控制，就好像一辆高速行驶的汽车刹车失灵一样，是一件很危险的事情。

合理释放压力，轻松上阵

"压力好大啊！""这次再考不好老爹老娘会剁了我！""考不上重点高中（大学）怎么办？""作业做不完，辅导班上不完，累死我算了！"……你有没有发过类似的牢骚？压力真是无处不在啊！

其实，不管是大人还是小孩，没有人否认，当今时代是一个压力巨大的时代！上学的、上班的，职场上、商场上，甚至是上幼儿园的小朋友，都能感觉到每一天充满压力。于是，"鸭梨山大"（压力山大）成了网络流行语，成了很多人的口头禅。

虽然说压力是动力的源泉，但压力太大了，或者累积太多了，就把人压垮了，就像哪里有压迫哪里就有反抗一样，总有一天，不是你的身体就是你的心理要揭竿而起，罢工、起义，你的人生将会陷入瘫痪，有的甚至是毁灭，比如不堪升学压力自杀的，比如白领们的过劳死。

"人生没有压力该多好啊"，"压力能逃避就好了"，"我想过一种没有压力的生活"，然而，这些基本等于痴人说梦。人活在这个世上，跌宕起伏，不可能没有压力。看看有人怎么感慨的吧：小时候，爸爸妈妈告诉我们要好好读书，以后才会有好工作，有好工作才有好收入、好生活，所以我们非常辛苦地读书；可真等我们大了，有了工作，发现钱不够用，紧紧巴巴过日子；等我们又有自己的儿女了，还要为他们去奔波，依然没过上多么舒坦的日子；直到我们老了，还得照看儿孙，担心后辈。是啊，哪有没有压力的生活呢？谁都会有压力。

关键是我们要学会减压，学会放慢脚步，在人生的旅途上稳步前行。人生是一个过程，我们匆匆忙忙地赶到终点有什么意义呢？

▌▌▌▌▌ 看看下面的故事：

大哲学家苏格拉底曾与人相约一起去爬山。那人一路紧赶，气喘吁吁地到了山顶，姗姗来迟的苏格拉底问他："你来的路旁有什么？""我不清楚，我只顾向前。"苏格拉底拍拍身上的尘埃，娓娓而谈："真是太遗憾了，我已经欣赏完了沿途风光。"那人沮丧极了。

人生态度不一样，我们看到的风景也不一样。一味追求速度，想早一点儿到达目的地，却往往错过了沿途最美丽的风景。给心灵减压，给欲望减肥，我们的人生会更加精彩。只有合理释放压力，才能在人生的战场上轻松上阵，取得完美的成绩。

当压力太大的时候，让我们来减减压吧。（不妨叫上父母一起，这个过程你们绝对能找到共同的话题。）

一吐为快：假如你正为某事所困扰，千万不要闷在心里，把苦恼讲给你认为可信的、头脑冷静的人听，以取得劝解、支持和指正。

开怀大笑：健康的开怀大笑是消除压力最好的方法，也是一种愉快的发泄方法。"笑一笑，十年少"，忧愁和压力自然就和你无缘了。

听听音乐：轻松的音乐有助于缓解压力。如果你懂得弹钢琴、吉他或其他乐器，不妨以此来摆脱心绪不宁。

拥抱自然：旅行可以使你重获活力。有时间到郊外走走，看看青山隐隐，听听流水潺潺，别有一番滋味在心头。

大喊大叫：在僻静处大声喊叫或放声大哭。哭并不可耻，流泪可使悲哀的感情得以发泄，也是减轻体内压力的一种方法。

与人为善：遇事千万别怀恨在心（包括自己是对的）。怀恨在心付出的代价是自己的情绪紧张，等于用别人的错误惩罚自己。

不要挑剔：世上没有完美，可能缺少公正。不要对他人期望过高，应看到别人的优点，不应过于挑剔他人的行为。经常告诉自己：我努力了，能做好最好，好不了也不是自己的错。

放慢节奏：当局面一团糟无法控制时，不妨放慢节奏，不要把那些无所事事的事安排在日程表中，进行一次"冷处理"。

做些让步：即使你完全正确，做些让步也不会降低你的身份。俗话说：退一步海阔天空。何况有些事也许冷处理更好，退一步会有更多余地。

逐一解决：紧张忙乱会使人一筹莫展，这时可先挑出一两件当务之急的事，一个一个地处理，一旦成功，其余的事便迎刃而解。

做点好事：你如果一直为自己的事苦恼，不妨帮助别人做点好事，这样可以缓解你的烦恼，给你增添助人为乐的快意。

眺望远方：一旦烦躁不安时，请睁大眼睛眺望远方，看看天边会有什么奇特的景象。既然昨天和以前的日子都过得去，那么今天和往后的日子也一定会安然度过。

多尝试一下解压的方式，自然情绪就会好很多，自己的生活也会觉得轻松很多。人生在世，就要有一个轻松、愉快的心情，何必让自己活得那么累呢？

▒▒▒ 成长睿语 ▒▒▒

压力不但是一种精神病毒，它也能为身体带来毒素。当人面对压力时，身体会分泌压力荷尔蒙和皮质类固醇，这些物质会伤害内脏。学会减压，合理释放压力，是我们的人生必修课，无论是在学校里还是在社会上，我们都需要学好这门课。

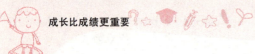

锻炼强韧的心理

2009年3月8日凌晨2点左右，江苏常州北郊中学高一学生刘小江在自己家里跳楼身亡。他的同学说，在班里刘小江人缘非常好，开朗活泼乐观，学习成绩也很好，而且很刻苦。刘小江在QQ空间里写道："我的梦想吗，开个不为赚钱的咖啡店啥的/不出风头，生活俭朴/但是许多声音说：不！你要好好读书！读大学！硕士！博士！最后出国！……累了/我先走一步了/生命是我的/没有人能为我决定……"

2011年9月10日，河南开封市立洋外国语学校高一学生小辉考完英语，因天冷回宿舍换了一件衣服，并在宿舍休息了一下，班主任对他说，"以后不要来了，要想来，带你爸一块儿过来。"9月12日晚，在家过中秋节的小辉服下农药"百草枯"后，又用刀子割破了自己的动脉。据称，其自杀前曾联系班主任，恳求先不要告诉家长，但始终没得到回复。

紧张的期末考试到了，但广州市第25中学初一某班的同学们却陷入了悲伤之中。因为前一天晚上，开朗又漂亮的女生晓丽因早恋遭到母亲反对，加上期末考试的压力，从家中8楼纵身跃下。据同班好友透露，在事发前一两周，家人一边责备晓丽早恋，一边要求她努力备考，晓丽感受到来自感情和学习的双重压力，常向朋友们诉苦。

　　我们经常会在媒体上看到青少年自杀的报道，真是让人痛心！

　　恐怖吗？想想真是可怕。就这么点事，自杀值得吗？青春正美，前程似锦，还没来得及享受人生、实现抱负，就自己先把自己 over 了。太不值得了，也太愚蠢了，心理太脆弱了！

　　然而更让人痛心的是这样的事情还有很多，2011 年，某省疾控中心对全省 8 个省辖市 48 所高中 13061 名学生的抽样调查结果显示：有轻度自杀意念的占 17.2%，有中度自杀意念的占 5.3%，自杀意念偏重的占 2.1%，有严重自杀意念的占 1.6%。为什么会这样？除了学习压力等客观原因，还有个人主观上的心理脆弱原因。据有关研究报道："我国青少年有 10% ～ 30% 存在不同程度的心理障碍，个别孩子还相当严重，这种问题行为随着年龄的增长还有上升的趋势。"也就是说，不少孩子心理上存在严重失衡和错位，没有一个健康强韧的心理。有教育专家称之为"蛋壳心理"，一触即碎。

　　你有"蛋壳心理"吗？但愿没有。前面我们讲了心灵减压，有压力了我们要给予合理排解，其实，除了会减压，我们更要锻炼一个强韧的内心，只有心理够强韧，才能不被各种压力压垮，即便一时无法得到排解，我们也能承担，也会积极想办法，而不是采取极端行为，造成无法弥补的失误。

　　怎样锻炼能增加心理承受力和坚韧性呢？

　　一、尝试改变认知，提高思维水平。

　　我们对世界的认识，常常因为个人的局限性而不全面，也因个性差异而有所不同，比如一个人觉得厌恶的事情，对别人而言也许会感觉完全无所谓。这就是我们的心理原本存在的对事物的感知方式，也就是认知，左右着我们的情绪。并不是发生了悲伤的事情就会令人悲伤，而是感觉到了悲伤才悲伤，这取决于人们如何接受这个事实。所以，在一件不好的事情发生时，

我们要从积极的方面去认知。当我们和别人发生矛盾时，从对方的角度想一想，也许我们就想开了，什么事情都没有了。改变认知，提高思维水平，用辩证的观点来武装头脑，才能形成正确的人生观、世界观和价值观。这是智慧，更是成功者的素质。

二、加强道德修养，锻炼忍耐能力。

古语云，"君子忍人所不能忍，容人所不能容，处人所不能处，为人所不能为。"这是一种做人的境界，更是处世的秘诀。学会冷静、理智地处理问题，在一些非原则的是非面前，坚持"忍让哲学"，容人让人，不但能保护自己，还能让事情圆满。能在各种困境中忍受屈辱是一种能力，而能在忍受屈辱中负重拼搏更是一种本领。"小不忍则乱大谋"，凡成就大业者莫不如此。在受到别人的侮辱时，不要动辄愤怒，尤其是受到老师的严厉批评时，不要太情绪化，要有则改之，无则加勉。当然如果遇到别人毫无理由的辱骂或是故意侮辱人格时，则应义正词严，确保自己的尊严不受侵犯。世界上没有过不了的关，没有过不去的坎，对待困境，最笨的方法就是忍耐，但最有效的方法也是忍耐。只有能忍人之所不能忍，才能为人之所不能为！

▓▓▓▓ 成长睿语 ▓▓▓▓

常言道，人生不如意十有八九。人的一生，不可能事事如意、样样顺心，生活的路上总有许多的沟沟坎坎，难免与人磕磕碰碰，难免有棘手的事情，难免会遇到不幸。如果没有坚韧的心理，我们将无法应付漫长的一生。严于律己，宽以待人，磨掉棱角，方可成大器。

第七章
成功是做最好的自己

做最好的自己是最大的成功

▓▓▓▓ **众多青年人的偶像和榜样——李开复先生曾经讲过一个这样的故事：**

一位很有才华的女士，清华大学毕业，进入微软亚洲研究院实习，实习期间得到了资深专家的一致认可，后来她又考入美国的斯坦福大学，人生旅途可谓一帆风顺。一次，她的一位学长问她："你到底对做什么事感兴趣呢？"她一下就愣住了，我对什么感兴趣？成功究竟是什么？难道学业和事业上的一帆风顺就是最大的成功吗？难道许多人梦寐以求的名和利就是最大的成功吗？如果成功只有一种定义，那么，自己多年来拥有过的许多美好的憧憬和设计又该如何实现呢？

当这些问号从她脑子里蹦出来的时候，她一瞬间明白了许多：成功之路有许多条，成功的定义也有许多种，只要在理想的指引下，真正做了自己想做的事，真正实现了自己的人生价值，就是一种成功，就应该为此感到自豪和快乐。

此后，她总是尽力做到最好。工作中积极认真，业余时间里，担任某教育基金会的项目负责人和区域负责人，帮助中国贫困山区建学校、办教育。在做义工时，即使是琐碎的小事，她也要尽力做好，让自己的人生快乐、充实、有意义。

她说："对我而言，成功就是不断地超越自己，事业进步是成功，给家人快乐是成功，广交朋友是成功，能对他人有所帮助是成功。成功并不遥远，不虚度此生，就是我的成功。"

成功其实就是这么简单，做最好的自己，不断超越和进步。哪怕今天比昨天多学会了一道题、多记住了几个单词，只要努力了，自己对自己满意，就是成功。成功不是非要名牌大学毕业，成功不是非要做出惊天动地的成就，成功更不是光宗耀祖，成功不是跟别人比较，而是以自己为坐标。自己的生活快乐、充实、有意义，比什么都好。

韩寒是成功的，他坚持理想，实现了自己的人生。

姚明是成功的，他追随梦想，拥有了让人敬佩的成就。

王宝强是成功的，他坚守自己的本色，演戏做到了让很多专业演员都惊叹的程度。

……

这样的例子我们可以举出很多，在如今这个多元化的时代里，处处有实现自我、做到最好的自己的人。虽然他们没有高学历、没有好背景、不是富二代，但他们还是崭露头角、吸引大众，仅仅因为他们是实现了自我的人，他们让大家仰慕、惊叹、佩服。

我们的社会是多元化的，人生的追求也是多元化的，所谓的成功也应该是多种多样的。而在过去很长一段时间里，我们的社会对成功的标准有很大的局限性，有很多的偏差，他们用一元化的视角，仅仅以"成绩"和"名利"来衡量个人、团体乃至社会的成败。在这样的标准下，99%的人都无法跻身成功者的行列。毕竟，在学校中考高分的只能是少数人；在工作中晋升为领导或成为亿万富翁的也只能是少数人。直到现在，还是有很多人没有认识到这种狭隘。

比起那些少数人，其他人都是失败者吗？显然不是！那些不善于死记硬背、动手能力却很强的学生，那些没有领导才华，却能在特定领域深入钻研的技术专家，那些淡泊名利、注重知识和涵养的文化学者，我们能说他们都是失败者吗？不能！

人与人之间是有差异的，比如有的人天生就聪明，有的人天生就弱智；有的人肢体健全，有的人肢体残缺。这是自然现象，是人不能控制的事实，所以，我们要把衡量成功的标准定位在合理的起点上。正确地认识自己，为自己树立积极向上的人生理想和目标，努力挖掘自己的潜能，顽强拼搏，一步一个台阶向前迈进，不自暴自弃、不浮躁抱怨、不好高骛远、不自负恃强，这就是成功。

北京师范大学心理学院博士生导师申继亮教授曾说："我们过去都在用一种方式来标志一个人是否成功，比如班上 50 名同学，你考了第一，大家都会认为你成功了，因为你超过了其他 49 个人。但在我的概念里，真正的成功不仅仅是与其他人相比，而应该是做最好的自己。"

那些还在为一时的成绩差自卑的孩子，还在为自己落后别人而苦恼的人，是不是应该反思一下自己的思维方式和评价标准呢？成功偶像和大学教授都这样告诉我们了，我们还有什么好怕的呢？

怎么做最好的自己？如何才能做最好的自己？

首先，要发现自我，就是要想清楚自己是一个什么样的人，比如适合学文还是学理？选择什么样的专业更适合自己？自己在哪方面的能力最突出？

其次，要管理自我，管理自己的目标，管理自己的时间，管理自己的情绪。给自己设立合适的目标，不急不躁，脚踏实地做事。

再次，要自信、有毅力，积极向上，超越自己，努力把自己的最大潜能挖掘出来，发挥出来。

每一天都在努力，你会慢慢发现，自己也很成功。

▌▌▌▌ 成长睿语 ▌▌▌▌

成功有多种形式，也有多种途径，不要让自己圈于一个狭隘的空间里。有一项特长、一份如意的工作，每天有一个快乐的心境，亲朋好友都能肯定自己，这都是成功。不求惊天动地，只要自我认同，就足够了。做最好的自己，就是最大的成功。

自信快乐最美

你知道世界上最美的人是谁吗？选美冠军？超级明星？告诉你吧，世界上最美的人是最自信快乐的那个人。

自信快乐的人全身发光，魅力四射。谁见了他们都会倍感轻松，谁都愿意和他们在一起。他们满脸笑容、声音爽朗、积极主动、乐观向上，谁都想成为他们的朋友。

不是吗？假如让你选择一个人做朋友，或者合作做事情，一个自信快乐，一个自卑悲观，你会选哪一个？其实，很多时候，不是别人不愿意跟我们相处，而是我们自己没有吸引力。有人就直言不讳地说："我见过一些人，他们不快乐，不幸福，不成功，总是觉得处处受虐待，天天都哭丧着脸。你会觉得这种人很讨厌，很难接近，因为他们的情绪比瘟疫传染得还快。"看到了吗？"瘟疫"！不快乐就像瘟疫，当然大家都躲着他。

这是发生在我身边的一个故事：

有两个男孩，一个自信快乐（我们叫他A），一个沉闷低落（我们叫他为B），但两个人都很优秀，沉闷的B还更优秀一些，成绩非常好，是很多人崇拜的对象。他们都喜欢同一个女孩，同时，他们三个还有一些共同的好朋友。女孩在这群人中也很受欢迎。女孩先是选择了沉闷的那一个，觉得他很优秀，成绩好前途光明。在一起之后，她很快发现，他言谈之中总是透露出消极悲观，让人很压抑，有时候简直无法忍受。渐渐地，他们共同的好朋友发觉，一向开朗活泼的女孩也变得古怪起来。大家很遗憾，说他们在一起不合适。后来，他们分手了，好朋友们大大松了一口气：幸亏分手了，你跟他在一起都快废了。还有人说：你一开始就选择错了，适合你的是 A。故事到此还没结束，那一帮好朋友积极怂恿 A 来追这个女孩子，果然成功了。也许因为如此吧，沉闷的男孩 B 不但失去了女朋友，后来连好朋友也都疏远了。

想想也够"杯具"的，用句俗语就是"这都叫什么事儿啊"。就是这事，自信快乐和消极悲观有天壤之别，哪怕共处一片蓝天下，你那边阴，人家那边就是晴。

人最可贵的心理品质之一就是自信心，自信心是一个人心理健康的核心元素，也是一个人不断前进的动力。在许多成功者身上，我们都可以看到他们超凡的自信。他们敢于对自己提出更高的要求，并在失败中看到成功的希望，鼓励自己不断努力，从而获得最终的成功。正如法国启蒙思想家卢梭所说的那样："自信心对于事业简直是一个奇迹。有了它，你的才干就可以取之不尽，用之不竭；一个没有自信的人，无论他有多大的才能，也不会抓住一个机会。"

现在社会竞争激烈，对个人的综合素质要求越来越高，青少年只有有了自信，才能在将来的竞争中立于不败之地。自信心强的人在做事前往往表现得胸有成竹，认为"我能行""我会"，他们会积极主动地去做事，勇于尝试，乐于接受挑战，即使遇到困难，也不轻易放弃自己的主张，而且还会拒绝别人的帮助，坚持独立完成。反之，自信心弱的人缺乏自我肯定的勇气，不相信自己，遇事则认为"我不行""我不会"，往往依赖或轻易地求助别人，做事缺乏主动性、积极性，从而失去很多学习和锻炼的机会，影响自身的发展。而且，长期缺乏自信会让人产生自己"无能"的感觉，甚至可能

自暴自弃、破罐破摔。

自信是成功的前提，是个人魅力的基础。自信给我们带来乐观的心态、快乐的情绪。

乐观与自信就像一对孪生兄弟，形影相随，对我们的人生会产生极大影响。面对困难，乐观就像一副盔甲，抵挡它的进攻和侵蚀；面对困难，自信就像一把钥匙，打开心锁勇敢前进。自信的孩子会更乐观、更积极，更容易取得成功，而乐观的孩子一般都很自信。积极乐观的生活态度还能够唤起人的潜力，促使人发挥出巨大的力量，这种力量能引领人们走出困境，自信地走向生命顶峰。

怎样培养自信乐观的心态，怎么打造快乐自信的魅力呢？

一、学会正确地分析自我。

正确地认识自我，分析自己在哪一方面强，在哪一方面弱，自己有什么优势、有什么缺点，这样分析一下，我们就不会有了一点成绩就沾沾自喜，遇到一点困难就垂头丧气。学会自我分析，从而在生活和学习中做到扬长避短，以培养自信乐观的性格。

二、多交朋友，与人融洽相处。

能和他人融洽相处的人，一般都是内心世界较为光明美好的人。我们要多交一些朋友，与不同的人交往，学会和不同类型的人融洽相处，这将为我们带来宽广的胸怀和丰富的知识，由此而提高我们的自信和交际能力。

三、多听音乐。

音乐可以陶冶人的情操，西方人认为音乐可以医治一个人肉体和心灵的创伤。听一首好歌有时会让人精神振奋，身心舒展。多听听音乐，不但能陶冶情操，还有助于培养我们的乐观性格。

四、多参加体育运动。

前面我们讲过，经常参加体育运动不仅有助于身体健康，还有助于心理健康。健康的身心会带给我们良好的自我感觉，让我们产生快乐的情绪。多运动，可以增加快乐的体验，帮助形成快乐的性格。

五、增加智慧，培养特长。

智慧的人，往往是受欢迎的人，而一项特长，更是我们自信的源泉。所以我们要尽量接触各类事物，接触的事情多了，见多识广，心胸自然就开阔，悲观情绪便不容易产生了，丰富的知识也让我们更加有智慧。还要尽量学习一种技能，如乐器、舞蹈、绘画、演讲、书法等，有了"一技之长"，我们会觉得自己某方面比别人强，从而充满自信。

六、培养幽默感。

前面我们已经讲过，具有幽默感的人大多开朗活泼，因而往往更讨人喜欢，人际关系也要比一般的人好得多。幽默还能帮助我们更好地应对生活和学习中的压力和痛苦，从而过得比较快乐。

不想将来"无辜"被甩的同学，想让自己魅力四射的同学，好好练习吧。

▐▐▐▐▐ **成长睿语** ▐▐▐▐▐

华盛顿曾说过："一切的和谐与平衡，健康与健美，成功与幸福，都是由乐观与希望的向上心理产生与造成的。"而自信快乐能造就这一切。对未来充满信心和希望，从而不断进取，就更容易成功；而快乐不但是迷人的性格特征，还有更神奇的功能，它能使人对生活中的许多困难产生心理免疫力。

有个性才叫炫

在你们班里，你觉得谁最有个性？你为什么觉得他或她有个性呢？也许你能说出好几个吧？是的，有个性的不仅仅只有一个。比如有的男生头发好长，能扎小辫；比如有的女生性格像男孩一样；比如有的人沉默寡言，一天听不到他说一句话；比如有的人从来不主动跟别人打招呼；再比如有的人爱跟老师作对；还比如有人长得特别，全校人都认识他；甚至，还有人没有一天早上不迟到的……好多好多啊，他们都好有个性，让人过目不忘，或者让人能永远记住。其实，个性不仅仅是这些。篮球打得好，足球踢得好，作文写得好，歌唱得好，画画得好，街舞跳得好，滑板滑得好，甚至电脑玩得好、游戏打得棒，也都是有个性。

所谓个性，就是个别性、个人性，就是一个人在思想、性格、品质、能力、意志、情感、态度等方面不同于其他人的特质。这个特质表现于外就是言语方式、行为方式和情感方式等，比如你的穿着打扮、你脸上的线条、你说话的声调、你的眼神、你身体的活力、你体现的思想，你由这些思想所发展出来的品格，所有这一切都无不为你打上个性的烙印。

有个性，就是有自己独特的性格，有与众不同的风格、气质、特色，让人一眼就能认出你，一下就能记住你。假如你参加一个聚会，你会发现，有些人一下就被人记住了，有些人没有完全给人留下印象，这就是个性鲜明与不鲜明的区别。

任何人都是有个性的，个性化是人的存在方式。作为人，你如果没有个性，你就不复存在；你的个性如果受到压抑，得不到发展，你的灵性就会萎缩。

一个没有个性的人是平庸的人，因为他没有区别于别人的标志，更没有什么过人之处。一个没有个性的人只能甘于平淡无奇的生活，因为他没有一点个性，生活中没有绮丽的色彩。

那些被人们记在心中的人物无一不是极有个性与人格魅力的：坚毅的鲁滨逊、笑里藏刀的王熙凤、"快乐"的阿Q等等。而那些能够不被人遗忘的事物往往也是一些有个性的事物。春的温馨、夏的热烈、秋的成熟、冬的纯洁，白杨的力争上游、紫藤的万花灿烂、鹤群的团队精神、斑羚的飞渡壮举，三峡的绮丽、石潭的清幽、西湖的朝烟夕岚、丽江的山光水色，鲁迅心中的藤野、冰心笔下的纸船、莱蒙托夫的孤帆、玛丽·居里的信念、张晓风的敬畏生命、毕淑敏的提醒幸福、白求恩的崇高纯粹、邓稼先的忠诚奉献……这些都是美好，也都是个性。当你能用自己独特的方式去诠释生命，去尽显个性之美时，你会像阳光下一朵灿烂的石岩花，绚烂、耀眼！

有个性一下就被人注意到了，没有个性就要被淹没在人海里。想在人群里炫出自我吗？想脱颖而出吗？那就打造鲜明的个性吧！

不过得提醒一下，个性不代表孤高、冷漠、特立独行，更不是非主流！

有人这样总结道：

你想受人欢迎吗？那么，你的个性特征应表现为：尊重他人，关心他人，富于同情心；热心集体活动，工作可靠、负责；持重，耐心，忠厚老实；热情，开朗，喜欢交往，待人真诚；聪颖，爱独立思考，成绩优良，乐于助人；独立、谦逊、兴趣和爱好广泛；温文尔雅，端庄，仪表美。

你想不受人欢迎吗？那么，你可以这么做：以自我为中心，不考虑他人的处境和利益、嫉妒心强；对集体的工作缺乏责任感，敷衍、浮夸、不诚实；虚伪、固执、吹毛求疵；不尊重他人，操纵欲、支配欲强；淡漠、孤僻、敌意、猜疑；行为古怪、喜怒无常，粗鲁、粗暴、神经质；狂妄自大、自命不凡，成绩好但不肯助人或小看他人；自我期望极高，小气，对人际关系过分敏感；势利，巴结领导；工作不努力，无纪律，不求上进，情趣贫乏，生活放荡。

优良的个性能为你的魅力增添无形的美，不良的个性只能为你成功的路添加阻碍。所以，多多培养优良的个性吧！心理学家提供的几种培养个人魅力的方法值得我们参考：

博览群书，使自己不致言谈无物。

慷慨大度，这样才能获得别人的欣赏。

注重礼貌仪态，在任何场合中，谨记以礼待人，举止优雅。

和人交往时，经常与他们的目光接触，使对方产生知己之感。

和蔼可亲，态度开朗，特别是应该具有接受批评的雅量和自嘲的勇气。

对别人显示浓厚的兴趣和关心。大多数人都喜欢谈自己，因此在与人交际时应该懂得如何引发对方表露自己。

态度使人愉快，在与人交往中，尊重对方，不向对方显示自己如何见多识广；遇事持积极态度，多提出具体有效的办法，不空谈，不吹牛。

不错吧？很炫吧？那就加油啰！

▨▨▨ 成长睿语 ▨▨▨

SOHO 中国有限公司联席总裁张欣在接受记者采访时说："现在是全球一体化的时代，一个人如果没有个性，很容易就被这个时代淹没了，当然也就不可能做出什么与众不同的事情来，只有个性鲜明的人才能脱颖而出。"个性不仅是你的特色的展示，更是时代发展的要求，塑造良好的个性，做一个最好的自己，才是最大的成功。

有智慧的人，一直都在了解自己

如果问你："你了解自己吗?"你八成会回答："废话，我自己还不了解自己，那谁了解我啊?"

跟你说，这可真不一定。用这个问题同时问一组人的时候，第一遍很多人回答：是。再问，你真的了解自己吗？一部分人有些犹豫了，含糊地说：可能是。第三遍问的时候，大部分人都不吭声了。你能完全了解你自己，那可了不起。

"我也不知道我为什么会这样"，"当时我怎么能那样呢，脑子进水了吧"，"我真是糊涂了"，"自己怎么是这样子呢"……这些话，你也说过吧? 了解自己可没那么容易。即便我们天天研究自己的星座，经常做各种测试，也不可能那么准确。

如果了解自己那么简单，古希腊德拉斐神庙里的石碑上所刻的象征人类最高智慧的神谕就不是"认识你自己"了。了解你自己，认识你自己，从古至今都是至理名言。而类似的名言警句更是不少，比如"知人者智，自知者明"，"知己知彼，百战不殆"，"愚痴的人，一直想要别人了解他;有智慧的人，却努力地了解自己"等等，先哲们不断地教导我们认识自己的重要性。

我是谁? 我从哪里来，又到哪里去? 我有怎么样的性格? 我有什么天赋? 我能做什么? 我想要什么? 我的价值观、人生观是什么? 我的兴趣爱好是什么？等等。这些经典的关于人自身的问题，不知困扰着多少天下人。

大千世界，人海茫茫，每个人都在寻找自己，给自己定位，有的人很快就找到了，事业上、生活上一路绿灯，但有的人一辈子都找不到自己，只有一辈子平凡无为。

有这样一则寓言故事：

两个人同时出发，第一个人清楚地认识到自己该做什么，于是朝着自己的方向走，尽管前面有很多坎坷荆棘，但始终保持前进；第二个人没有认识到自己，于是随便选了一个方向，看似走得很快，但是走着走着发现自己走错了，于是又折回来，再一次选了一个方向，走了一段发觉仍然不对，于是又回到原点。就这样折腾来折腾去，第一个人已经走到了终点，第二个人还在原地打转，甚至还后退了几步。

由此我们可以看到，清楚地了解自己、认识自己，对人生、对成功都至关重要，而能做到认识自己也是思想上的一种境界。

下面这则故事就是这样告诉我们的：

从前，在一座寺庙里新来了一个小和尚，他态度诚恳地去拜见老方丈，请求为寺里做一些事情。

方丈对小和尚说："你先认识、熟悉一下寺里的众僧吧！"第二天，小和尚就认识了寺里几乎所有的僧人，又回到老方丈那里，请求做事情。方丈还让他去了解认识。过了三天，小和尚志得意满地来到方丈那里，告知自己把寺里的上百名僧人全认识了、熟悉了。方丈微微一笑，说："还有一个人，你没有认识，而这个人对你十分重要。"

小和尚满脸狐疑地走出方丈的房间，一个人一个人地询问着，一间房一间房地寻找着，在阳光里，在月光下，他都不断地琢磨、寻思。不知过了多少天，一头雾水的小和尚，在一口水井里忽然看到自己的身影，他这才豁然醒悟。

认识自己真不是一件容易的事情啊！我们可以了解他人的学习，了解朋友的工作，了解周围环境，了解家庭和自己的父母，了解邻居，了解社会，甚至可以了解世界，但是，就是不太会了解自己。所以，古人就有"学莫先于自知"之说。

有人说，我们为什么会犯错误？原因很多，其中之一就在于不能正确了解、把握住自己。比如有人太高估自己——自傲，总认为自己什么都行，什么都能拿得下，结果自己去做力所不能及的事，错误也就跟着出来了。还有的人，太小瞧自己——自卑，认为自己什么都不是，什么都不会，什么都不行，结果就什么事都干不好。还有的人自认为聪明，总将他人看做是傻瓜一个，认为事情都有空子可钻，结果耍小聪明吃大亏。

是什么原因妨碍了我们对自己的了解和认识呢？第一，欲望不合理：如果一个人的欲望太高、太不着边际了，那么就会"利令智昏"，忘乎所以，找不到自己。第二，受生活经验的影响：有的人生活圈子比较狭窄，比如三点一线的生活，可能导致他的认识水平低下，认识事物比较简单，也就不能真正了解自己。第三，生活太顺利导致思想方法欠缺：思想认识是在大量的事件、挫折、失败的考验下提高的，如果我们生活太过于顺风顺水，思想单一，就不利于自我认识。

还有很多因素，而以上三点是最主要的。总之，一个人不容易了解自己的原因是很复杂的，总体来说，它与一个人的社会阅历、社会经验、社会性成熟、个人修养水平等有关。一般而言，社会阅历多、社会经验丰富、个人修养水平高的人，就能比较好地了解自己。

可以说，了解自我、认识自我，这是一个人一生的课题。在不同的人生阶段，我们有不同的认识和知识水平，而自己也一直在变化着，要做到真正了解自己真的需要一辈子的努力。

俗话说，"人贵有自知之明"，正确认识自己，客观评价自己，对待人接物和处理问题，对事业的发展和生活的美满，都会有极大的好处。因此，我们应尽可能地了解自我、认识自我，这样才能更好地把握自我、发展

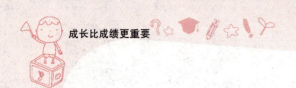

自我。

我们要想在未来的社会中快速立足并站稳脚跟，必须首先对自己有一个全面、深刻的了解和认识。比如学历、智力、性格、气质、意志等内在因素，以及性别、身体条件、外貌、家庭等外在因素，这些因素共同组成了我们在社会上的竞争力。认识得越深入、越准确，越能有助于我们成功。

那有什么好的方法来了解自己、认识自己呢？有人给我们总结了四个常用而又实用的方法：

一、内省。在自己独处时，完全是在真实自我的情况下，通过自己反思，来探索"我能干什么"，"我喜欢干什么"，"我是什么样的性格"等等，来认识自我的禀赋。

二、交流。在与亲友、老师、同学严肃认真的交流中，从他们的眼中来看到真实的自己，弄清"我能干什么"，"我喜欢什么"，"我有怎样的性格"等等。

三、实践。通过参加具体的社会活动或劳动，在与人交往中，在生活的历练和感受中逐步深入地认识自我。这种方法最可靠，但需要长时间的观察、摸索和积累。

四、测试。根据心理学家的研究成果，通过完全独立情况下对性格测试的回答，来发现自己的兴趣、能力以及人格特征。

这四种方法各有特点，一般情况下，人们都是将这四种方法结合起来使用，力求深入、全面地认识自己。不妨去试试吧！

成长睿语

法国思想家蒙田说："世界上最重要的事情就是认识自我。"德国哲学家卡西尔认为："认识自我乃是哲学探索的最高目标。"我国著名学者于丹说："只有清楚地了解自己的内心，才能够在这个世界上找到最基本的出发点。"我们每个人，都应该好好了解自己、认识自己。

走自己的路，让别人说去吧！每当我们说这句话的时候，都有一种很爽的感觉，你发现没有？甚至我们会有一甩手一昂头的动作，无所谓，爱咋咋的，轻松又潇洒。呵呵，其实，这就是不被别人左右，不被周围环境左右，不被世俗左右，大胆走自己的路的感觉，那真叫一个爽！

是啊，谁愿意做一个"提线木偶"呢？谁愿意做一个小跟班、一个小随从呢？谁愿意仰人鼻息看人脸色呢？谁愿意被束缚、被禁锢呢？谁愿意做一个傀儡呢？谁愿意活在别人的意志之下呢？大概谁都不愿意。

看看这个经典的笑话吧：

爷爷带着孙子去县城买了一头驴，出了城门，爷爷就让孙子骑上驴背，自己牵着驴在前面走。没走多远，迎面走来一个人，说："这孩子怎么这么不孝顺，自己骑着驴，让老人在地上走。"孙子一听，呼地跳下驴背，让爷爷骑着驴，自己牵着驴在前面走。迎面又走来一个人，说："这老头怎么这么不懂事，自己骑着驴，让孩子走着。"爷爷一听，呼地跳下驴背，两个人你让我，我让你，结果谁也不骑，牵着驴往前走。这时，迎面又来一个人，说："这祖孙俩真

走自己的路，让别人说去吧

185

傻，放着好好一头驴不骑，偏要在地上走。"祖孙俩没辙了，只好把驴腿绑起来，抬着驴往前走。路人看见，莫不掩口而笑。

这就是没有按照自己的想法走路的结局，可笑又悲哀。

其实，我们生活中也有许多这样听从别人意见的事情，或许你自己也干过。比如去商场买东西，那些导购员们，从你一进门就开始给你介绍他们的商品，问你想要什么，告诉你哪件好，哪件适合你等等，比《大话西游》里的唐僧还烦人。然而，如果你没有自己的主见，立马就会被他们"忽悠"住，然后你就乖乖地掏钱吧，也许能买到你满意的东西，但大多数时候大部分人可没这好运气，不是后悔就是遗憾。"我就不该听那个人的话"，"这导购员真是会赚钱啊"，"好后悔买了她推荐的那一件"，这是常常在上当后他们发出的感慨，你有没有过这种情况？

这是被人左右的最简单最普遍的例子。不过，这仅仅是生活的小浪花而已，更要命的是有些人的思想被人左右，有些人的心态和情绪被人左右，那可真是悲剧。比如有时我们的烦恼纯粹是因为太在乎别人的评价，把别人的意见看得比自己的意见更重要，使别人的赞许和批评成为一种强大的支配力量；比如别人认为我们能办得了某件事情时，我们也非常相信自己，而当别人摇摇头说我们办不了某件事情时，我们也就很轻易地放弃了，不再去尝试。这不是很要命的事情吗？对一个人而言，最大的痛苦莫过于没有主见带来的茫然，因为没有主见，他就会不知如何对待生活，不知如何选择人生。

▓▓▓▓ 有这样一个故事：

有个男孩非常喜欢画画，他想成为一个画家。本来他的基础不错，但是他有一个致命缺点——没有主见。他画完一张画，爸爸看看，撇撇嘴说："哦，这太僵硬了。"于是他赶紧按照爸爸的意见修改。妈妈看见他的画说："亲爱的，飘忽的东西没人爱看。"于是他又采纳了妈妈的意见。可哥哥说："上帝啊，你画的这是什么？是块木头吗？"他赶紧又按哥哥的意见改，姐姐却说："天哪，这简直是被染料弄脏的一张纸。"

……就这样，他从来没有画成功一张画，而是把很多时间都用在了修改画上。很多年过去了，他毫无进步，最终也没能成为一名画家，画家梦也随着岁月消失了。

"横看成岭侧成峰，远近高低各不同。"每一张画在每一个人看来都是不一样的，我们不可能做到让每一个人称赞。同样的道理，凡事也没有统一定论，谁的意见都可以参考，但永远不可能代替自己的主见，不能被他人的论断束缚了自己前进的步伐，否则，你就会像墙头草，东风东倒，西风西倒，没有自己的原则和立场，自然与成功无缘。一个人如果没有自己的人生观、价值观，就会人云亦云；没有人生的方向，就会被许多人牵着鼻子走。这是很可悲的。

所以，我们要忠于自己，不必老是顾虑别人的想法，或总是想要取悦他人。生命可贵之处就在于按自己的想法生活，做自己，为自己而做，为自己的梦想而活，为自己的快乐而活。不论做任何事，都顺着心中所想的去做，独立思考，拥有自己的主见，这样才能接近成功，获得真正的快乐。

让我们看看小泽征尔的坚持：

小泽征尔是世界著名的交响乐指挥家。在一次世界优秀指挥家大赛的决赛中，他按照评委会给的乐谱指挥演奏，敏锐地发现了不和谐的声音。起初，他以为是乐队演奏出了错误，就停下来重新演奏，但还是不对。他觉得是乐谱有问题。这时，在场的作曲家和评委会的权威人士坚持说乐谱绝对没有问题，是他错了。面对一大批音乐大师和权威人士，他思考再三，最后斩钉截铁地大声说："不！一定是乐谱错了！"话音刚落，评委席上的评委们立即站起来，报以热烈的掌声，祝贺他大赛夺魁。

原来，这是评委们精心设计的"圈套"，以此来检验指挥家在发现乐谱错误并遭到权威人士"否定"的情况下，能否坚持自己的正确主张。前两位参加决赛的指挥家虽然也发现了错误，但终因随声附和权威们的意见而被淘汰。

生活中有各种各样的类似"圈套"，我们要像小泽征尔一样不被迷惑，不被他人左右，这样才能走出自己的成功之路。

"走自己的路，让别人说去吧！"但丁的这句名言一直激励着无数的人，使他们走向了成功和幸福。追随你的热情、你的心灵，它们将带你实现梦想。

成长睿语

人生路上，总会有人支持你、追捧你，也总会有人向你投掷石块，我们不能为此所困。如果别人的一句冷嘲热讽就把你搞郁闷了，别人的一句"金玉良言"或者谗言，就把你搞迷茫了，你还能做什么呢？有人问："当有人在耳边聒噪时，有几个人真正很有主见很有个性，内心仍不为所扰，保持冷静和理智呢？"说实在，这样的人不多。能做到者，必为高手。我们要向高手看齐，走自己的路，不理睬别人的聒噪。

你要是说谁没有梦想，他保准跟你急——你才没有梦想呢！哈哈，这可不是夸张。谁没有梦想呢，活在这个世上，没有梦想可真算是白活了。梦想是我们的目标，是我们前进的动力；有什么样的梦想，你就会成为什么样的人。不同的是，当梦想无法实现时，有的人轻易放弃，梦想夭折在半路上，变成了永远的空想；而有的人则把梦想深藏在心底，当有朝一日时机成熟时，就让梦想重新发芽，直至开出美丽的花朵。

让梦想开花

▓▓▓▓ 梦想的世界美丽而芬芳，坚持你的梦想，去实现它：

有一个男孩，在上小学六年级的时候，考试得了第一名，老师奖给他一本世界地图。他高兴地跑回家就开始看，很感兴趣。不幸的是，那天正好轮到他为家人烧洗澡水。他一边烧一边看，心想：埃及很好，有金字塔，有法老王，有很多神秘的东西，长大以后一定要去埃及！

男孩正看得入神的时候，突然他父亲从浴室里冲了出来，朝他吼道："你在做什么？"男孩回答："我在看地图。"父亲更加生气了，咆哮道："火都熄了，还看什么地图？"男孩低声回答："我在看埃及的地图。"父亲"啪啪"给了他两巴掌，告诉他："赶快生火！看什么地图！我给你保证，你这辈子不可能到那么遥远的地方去！"

20年后，那男孩当了记者，成了作家，第一次出国就去了埃及。他坐在金字塔前的台阶上，给爸爸写了封信……

这个男孩就是台湾著名作家林清玄。他念念不忘心中的梦想，并为之奋斗不息，十几年如一日。他每天清晨四点就起来看书写作，每天坚持写3000字，平均每年发表作品百万余字，终于将梦想变成了现实。

你有过这样的遭遇吗？如果你也像林清玄一样锲而不舍、坚韧努力地追求自己的梦想，那么，你的梦想也一定会实现。

梦想是对未来的期许和向往，是人们对自己、对社会发展的设想与追求。梦想更是一个人远大抱负的基础。有了梦想，我们就不会太迷茫，我们会沿着梦想的方向稳步前行；没有梦想，我们就无法生活得"有意义"，无法健康地成长，更不可能成为一个有理想、有朝气的人。

梦想还是一种力量，它能让我们具有坚定不移的决心、信心和毅力，在困难面前不动摇、不退缩、不迷失方向；能让我们有较强的成就动机，调动我们的积极性、自觉性、主动性。我们也常常会发现，有梦想、目标明确的孩子，学习成绩一般都很优异；相反，不考虑自己将来做什么工作、没有明确目标的孩子，在学习上往往是消极被动、敷衍应付的，成绩也不理想。

哲学家说："志不立，天下无可成之事。"志，就是梦想、追求。立志，就是确立人生的努力方向，树立远大理想。没有梦想者，必将没有什么成就。梦想是人的一生中非常重要的东西，有梦想才有希望，才能保持充沛的想象力和创造力。只有始终坚持梦想并采取行动，才能敲开成功的门。

读读下面的故事：

6岁的杜图瓦看上去比同龄的女孩子要高出一头，两条修长的双腿，游泳时在水中犹如两只灵巧而又有力的双桨，使她总是勇往直前。有人说，她天生是一个芭蕾舞演员的坯子，她的小学艺术老师对此也深信不疑。她自己却说：“不，我的梦想是做一名游泳运动员，参加奥运会。”

“我热爱游泳，每当身处水中，我觉得自己就像一尾美丽的金枪鱼。”是的，每次训练，杜图瓦比金枪鱼更刻苦。然而，不幸的是，在她17岁那年，一场车祸无情地夺去了她如船桨般有力的左腿，犹如晴天霹雳，使她的梦想似乎从此破灭。看着耀眼透亮的泳池，她流下了伤心的泪水。这时，朋友们劝她：“杜图瓦，你很棒！不能游泳了，生活还有更多事情值得去做。”“不！我离不开泳池！”杜图瓦坚定地告诉队友和教练：“我失去了左腿，但，我的右腿还有梦想！”

仅仅一年后，她毅然出现在了健全人参加的2002年在南非举办的英联邦运动会上。而在2004年的雅典残奥会上，她勇夺5枚金牌。在2008年北京奥运会，她的故事打动和激励了无数的人。

她用“梦想的右腿”创造了体育运动的历史，她是第一个获得奥运会参赛资格的截肢运动员。她的行为让体育运动科学家大跌眼镜，她的成就推翻了科学定论。

梦想不灭，奋斗不止。她创造了一个又一个奇迹。当别人问她成功的秘诀在哪儿时，她说：“没有什么秘诀，没有身体上或技术上的窍门能补偿自己失去的左腿。可是，我的右腿始终没有放弃它的梦想！做到似乎不可能做到的事情，我唯一的办法是努力训练和坚定的决心。”

梦想的奇迹，你看到了吗？真是不可思议！让梦想开花，你准备好了吗？

成长睿语

冰心曾写道：“成功的花/人们只惊美她现时的明艳/然而当初她的芽儿/浸透了奋斗的泪泉/洒遍了牺牲的血雨。”其实，梦想之花也需要汗水、泪水甚至血水的滋润。给梦想一个开花的机会，我们才能收获成功的芳香，人生才不会留下遗憾，我们才能自豪地唱：“我终于看到，所有梦想都开花，追逐的年轻，歌声多嘹亮……”

人生需要这9大能力

一个人，要想在这个世界上好好生存，就需要各种各样的能力，小到读写能力，大到创新能力，能力左右着我们的发展、主宰着我们的命运。作为正在努力学习技能、增长能力、"打怪升级"的青少年，要想在以后的各种竞争中脱颖而出，要想有一个成功的人生，做一个好的自己，起码需要掌握这9大能力：

一、自律、自控、自我管理能力。

一个放纵自我的人是没有前途的，没有自制力，不懂得自律、自控，不会自我管理，他将会如一堆散沙，随风飘散，一事无成。学会自律，严格要求自己，不懒散、不堕落、不被诱惑，才能集中精力做自己喜欢做的事情。学会自控，控制自己的情绪，支配自己行动。有所为，有所不为，根据道德价值观和共性思维，为自己立法，按自己的意志去行动，既不受外界困境和邪恶影响，不为快乐、幸福、欲望等情感所驱使，也不受神意、天命的支配，才会更好地为实现自己的理想而努力。自控能力强，才能在将来管理更多的资源，更多的人。缺少自控的人，很难在某一方面做出杰出的成绩，很难实现自己的目标。

毕达哥拉斯曾说，不能制约自己的人，不能称之为自由的人。除了自律、自控，还要学会自我管理，管理自己的时间，管理自己的情绪，管理生活的细节，这样生活才能井然有序、有条不紊，自己才能更好地适应环境、发挥潜能，自由也由此而来，因为没有人会对一个自律自控能力强的人胡乱要求。

二、沟通、交际能力。

成功学大师卡耐基说：一个人的成功，专业技能占15％，而人际关系占85％。还有人说：文凭是铜牌，能力是银牌，人际是金牌。可见，人际关系对一个人的成功是多么重要，而处理好人际关系就需要我们有较强的沟通和交际能力。

职场上应对自如的管理人士、商场上妙口生花的谈判高手、经济界叱咤风云的企业家、政坛上深得人心的政治家……无一不是沟通和交际能力很强的人。而那些以自我为中心、自以为是、攻击性强、不合群、常常得罪人的人，谁会喜欢呢？人生活在大千世界群体社会，不可能脱离人群而寡居，与人友好交往，处理好各种人际关系，才会赢得好感。

所以，我们从现在开始，就得重视培养与人沟通和交际的能力。

三、执行能力。

什么是执行力，简单地说就是"说了就去做、决定的事情马上行动"。那些只说不做、拖拖拉拉、"口头的巨人，行动的矮子"的人，就是没有执行力的人。没有执行力的人，很难成功。而执行力强的人，能合理利用时间、有效利用资源，能及时有效、保质保量达成目标。执行力指的是贯彻战略意图，完成预定目标的操作能力。提高执行力，决定的事情立即行动，能让我们更好更快地实现理想，也能让我们提高竞争力，轻松超越别人。

四、分析、判断能力。

同样一件事情，有的人很快就掌握了要领、明白了来龙去脉，或者同样一个陌生的事物，有人很快知道了它的特性、好坏，而有的人就不能，这就是分析、判断能力的差距。不会分析，没有判断力，怎么可能做得比别人好呢？分析、判断能力是指人对事物进行剖析、分辨、单独进行观察和研究的能力。分析、判断能力较强的人，往往学术有专攻，技能有专长，在自己擅长的领域里，有着独到的成就和见解，能自如地应对一切难题，并进入常人

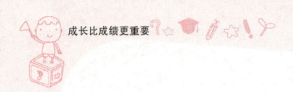

所难以达到的境界。分析、判断能力较差的人，遇到事情和难题，往往思前想后不得其解，以至于束手无策。

五、自我推销能力。

中国有句俗语，"酒香不怕巷子深"，意思是说如果酒酿得好，就是在很深的巷子里，也会有人闻香知味，前来品尝。但随着时代的变迁，我们现在往往说"酒香也怕巷子深"，在当今信息爆炸的社会大背景之下，我们不可能再慢悠悠地等待一个偶然的过客来发现我们的酒香。不展示自己的能力、特色，再优秀又有谁知道呢？我们每天都能见到各种各样的人轮番挤进我们的视野，没有"推销"，谁还会看你？也就是说即使自己是"千里马"，也需要自我包装、自我推销，才能赢得伯乐的赏识。"推销"自己是成功与他人交往的前提，所以我们要培养自我推销能力。自我推销当然不是要像推销员推销商品一样，而是自我展示，敢于展现自己的优势、强项，让别人看到，才能脱颖而出。

六、适应、应变能力。

达尔文说：物竞天择，适者生存。这是自然界的法则，一切生物都遵循它，包括人在内，没有适应和应变能力，我们将会被淘汰。况且在当今这个发展迅速、竞争激烈的时代，日新月异，瞬息万变，如果我们不能适应，没有随机应变的能力，是不可能有很好的发展的。一个人在成长道路上，要应对各种挫折和磨难，要接受各种艰难困苦的挑战，要适应融入各种复杂的社会环境。一个适应能力比较强的人能够很快适应新的环境，即使是在比较困难的情况下，也能够变不利因素为有利因素，取得事业上的成功。

七、理财能力。

"你不理财，财不理你。"现在这句话似乎连小孩都会说了。随着社会的发展和人们观念的转变，理财已经成为一个人必不可少的能力。很多国家都很重视培养青少年理财能力。比如，在法国，早在儿童3～4岁阶段，家长们便开展家庭理财课程，教授他们基本的货币观念。美国、日本也是如此。我们一定要注意，在父母的帮助下尽早培养自己的理财能力，这样你以后才能积累更多的物质财富。

八、创新能力。

创新能力的重要性，我们就不必赘述了，老师在说创新、社会在说创新、国家在说创新，发展需要创新、时代要求创新，如果你没有创新能力，你觉得自己会成为一个成功者吗？

九、情感处理能力。

为什么这个也很重要？给你举个例子就知道了：某中学生小佳，因为跟父母吵架离家出走，后来被不法人员拐卖到黑砖窑；某大学生璐璐，因为跟男朋友吵架跳楼自杀；某邻居家的大叔大妈在闹离婚，不慎把孩子烫成重伤……你觉得这些事情在生活里重要不？假如你处理不好感情，是不是就会出现这样的悲剧？我们一生中所遇到的人，不管是亲人、友人、爱人，都是靠感情连接在一起，如果你的感情一团乱麻，生活必将一团乱麻，昨天跟父母吵架，今天跟朋友闹掰，明天跟恋人分手，悲催不？也许现在你还体会不到，但这个能力在我们的人生中有着举足轻重的作用，所以，从现在起就得多学习、多培养。

▓▓▓▓ 成长睿语 ▓▓▓▓

人生的道路很漫长，我们需要有各种能力来应对路上的各种状况，要想走得稳走得快，就要培养和锻炼各种能力，这些能力就是你前进的车轮、飞翔的翅膀，也是你的剑、你的盾，让你完胜。

第八章
拥抱生命的正能量

幸福才是一辈子的事，历练感受幸福的能力

家长们常常这样教育我们：为了以后生活幸福，你现在必须如何如何。比如考个好学校、找个好工作、寻个好爱人等等。特别是在大人们的眼里，没有什么比一辈子幸福更重要，什么成功，什么人生意义，可能都得退居次要地位。俗话说，"姜还是老的辣"，大人们身经百战的经验和漫长岁月里积累的阅历，都是实实在在的道理和人生秘密。的确如此，不管你是英雄、精英，还是凡人、平民，除了历史长河中极个别的时代，绝大部分时间，幸福是每个人的人生追求，即便在极个别的时代，他们的终极目标也还是——幸福。

然而，幸福这个词大而宽泛，很多人不知道它是什么，抓不到、摸不着、看不清。古今中外，无数人都在讨论它，却没有一个统一的结果。假如现在向你们全班同学问"幸福是什么"，估计答案也是千奇百怪、各种各样。是的，它本来就不是个固定有形的东西，每个人的幸福只有自己知道。幸福是一种感受，是一种欢喜、愉悦、满意、满足的感觉。只是，每个人对幸福的感受不同罢了。

就因为感受不同，人可以分为乐观的和悲观的，幸福的和不幸的。我们常常会发现，同样的环境，同样的遭遇，有些人眉开眼笑，有些人愁眉苦脸。这就是感受能力的差别。没有对幸福的感受能

力，我们将无法感觉到幸福。

▊▊▊ 看看下面这个人的感慨：

我有一位情绪非常敏感悲观的亲人，亲戚朋友都有些害怕跟她打交道，我也不例外。几乎每次跟她通完电话之后，我都要做些心理康复训练才能让自己重新快活起来。我不明白，为什么她遇到的人都那么居心叵测、刻薄无情？为什么她碰到的事都那么不合情理、失之公允？难道世人到她面前都变了脸？难道凡事到她那里都走了样？她的同事朋友我或许不够了解，但是我和她的亲友圈子几乎是重合的呀，为什么她有这么多的责难和哀怨，而我却常在亲情面前感动不已？是不是感受幸福也需要一种能力？是不是只有具备这种能力的人，才能感知到幸福，捕捉到幸福，并最终享受到幸福？

毫无疑问地回答：是的！能否感受得到幸福真的是一种能力。对于那些感受能力强的人，他们乐观，笑口常开；对于那些感受能力弱或者缺乏这种能力的人，他们悲观、满口抱怨，痛苦成了他们的常态，即使幸福来临他们也不知道，或者幸福感偶露峥嵘也是昙花一现。

人生在世，谁也不能万事如意，一切顺心，与其沉湎于不快和痛苦之中，不如积极培养感受幸福的能力。特别是在当下这个浮躁的社会，更应该培养这种能力。

遗憾的是，不少人缺乏这种能力，或者让这种能力不知不觉消失。

著名资深主持人杨澜曾说："我们从小学习各种能力，但似乎忽视了一样最重要的能力——感受幸福的能力。如果不能感受幸福，我们就会在自怨自艾中消耗生命。"是的，感受幸福的能力，也需要从小培养。

首先我们要知道，幸福不是什么成功、大富大贵、用 Money 买 happy；幸福也不是什么名誉地位、鲜花美酒；幸福甚至跟事业有成、婚姻美满、生活小康、子孙满堂都关系不大。生活中，很多人都会遇到进退维谷的两难境地，丑陋有丑陋的难过，漂亮又有漂亮的担忧；没钱时有没钱时的烦恼，有钱时又有有钱时的忧愁；整天大鱼大肉的向往蔬菜野味，高楼大厦中期待田园风光，农村乡野中又期冀繁华都市。这样，会幸福吗？

其实，幸福就在我们每一天的生活中，在每一个细微之处。平常日子里没有那么多大悲大喜，都是幸福的小细节，潜藏在我们身边。感受幸福的能力更主要是于微妙之处感知细小与平凡中的"小幸""小福"。

所以，有心理专家建议，每天写下五件让自己感到幸福的事，你会发现幸福越写越多。杨澜也尝试了这个方法，"比如今天，一觉睡到自然醒，神清气爽；天气晴朗温暖，让我一睁开眼睛就有好心情；下午，带孩子去动物园，看着'狮虎山'三个大字，一如我童年记忆中的那般鲜艳；与几位朋友共进晚餐，主人叫了一大盘羊肉串，那叫一个香嫩热辣；老公看了刚出来的身体检查报告，决定以后要少喝酒……"阳光、孩子、朋友、童年、爱人，都是家常琐事，却像一个个幸福的泡泡，充满了生活的空间。

我们每天能写出五件幸福的事情吗？能感受得到吗？比如今天上学没迟到、老师表扬了、帮助同学解答了一道题、好朋友送了生日礼物、妈妈做了一顿大餐、爸爸给自己讲了一则笑话、作业提前做完了等等。

幸福贯穿在我们的寻常生活中，只是我们不易察觉，有时又像水和空气一样被我们忽略。如果我们每天都能写下几种"幸福"，记录下那些让人感动的生活瞬间，它们就会化为岁月的春泥，滋养我们的幸福心田。我们也不会像有些人那样感叹"人生总是哀伤多于快乐，人却不知如来佛祖为何拈花微笑"。

顺手记下那些幸福时刻吧，感受幸福就从此开始。

成长睿语

罗曼·罗兰说："一个人幸福与否，决不依据获得了或失去了什么，而只能在于自身感觉怎样。"幸福钟情于能感受到幸福的人。心心相印的一个眼神，离开时一个温馨的字条，QQ 里一个可爱的表情，父母一次慈祥的抚摸……这都是千金难买的幸福。提升感受幸福的能力不是消极地对生活妥协，也不是委屈地将自己的标准降低，而是学会欣赏和笑纳，学会从另一个角度思考。让我们在日常生活的平淡中，去感受人类生命中真真切切存在的幸福吧！

珍藏心灵的阳光

当你看到"阳光"这个词语时，你脑海中出现的是什么样的情景呢？早晨？傍晚？一幅灿烂的画？一个朝气蓬勃的人？也许有很多很多，但它们有一个共同的特点：都是美好的事物。

是的，阳光带给我们的是美好、温暖、光泽、澄澈、生命力。我们还能延伸出很多词语：健康、热情、开朗、活泼、坚韧、信任、希望、梦想、积极向上、助人为乐、与人为善、光明磊落等等，它可以是我们的优秀品质，也可以是我们的美好品德。这些，都是我们心灵的阳光。有了它们，我们的生命会变得透彻明媚、灿烂辉煌。

从我们心中发出的阳光，不但灿烂了自己，还照亮了别人。那是一种能量、一种力量，一种让人惊讶赞叹的精神品质。

只要我们的心中充满阳光，哪怕这个世界再黑暗、再寒冷，我们都不会因此而沉沦、而放弃。心中有阳光，失败就不会将我们带到绝望的边缘，孤独也不会把我们带进悲伤的深渊。

看看下面的文章：

一个男孩，在8个月大的时候，不幸得了视网膜母细胞瘤，医治无效，他的视力彻底丧失。从8个月的生命开始，他的人生陷入了永远的黑暗。父亲很悲伤，不知道以后儿子将怎样在黑暗的世界里生存。但他的母亲却坚定地对丈夫说："别伤心。儿子的眼睛尽管失明了，但我们可以好好培养他，让他的心灵充满阳光。作家海伦失明了，不是照样活得很成功吗？"于是，他们很快将儿子的名字改成杨光，取谐音"阳光"的意思。父母约定，这一辈子只要杨光一个孩子，把全部精力用来培养儿子，让杨光拥有和健全人一样的人生。

杨光没有辜负父母的心血和期待，一路健康成长，除了眼睛看不见，其他跟正常的孩子一样，甚至比很多正常的孩子还优秀。他对音乐很敏感，展示出了超常的音乐才华，11 岁被选入哈尔滨市残疾人艺术团，19 岁进入北京残疾人艺术团。

几年来，他在北京打拼，曾经一无所有，又曾因车祸失去父亲，只有母亲相伴，生活十分艰难。但因为从小培养的坚强、乐观、进取的品质，使他能够穿越坎坷，一路前行。终于，在 2007 年，他在中央电视台《星光大道》总决赛上，以一首《你是我的眼》夺冠。这首歌是杨光唱给照顾他 28 载的母亲的。他深情告白道："妈妈就是我的眼睛，是我生命中的阳光，她照亮了我的人生。如果上帝给我三天光明，我只做一件事，那就是要仔仔细细地看看妈妈！"

无数的观众被他唱得泪流满面，更多的观众被他的精神折服。如今，他已是集作词、作曲、演唱、乐器、模仿、主持等众多才艺于一身的歌手，被誉为艺术界的奇才。多年来他用音乐诠释他心中的世界，他以乐观的方式寻找色彩，在音符中描绘着美好的生活。他成功了，他说："每个人对于成功的标准都不一样，虽然我的名字和我的自身条件有很大差距，但我成功的标准就是把快乐、温暖传递给我的观众。谁又能说我不是真的阳光呢？"

是的，他是杨光，更是阳光。很多所谓的正常人与他对比一下，是不是很汗颜。

我们的一生可能会遇到许多的挫折和不开心，生活常常给我们展示出它灰色、黑暗的一面，如果没有一个阳光的内心世界，而只会怨天尤人的话，势必会悲苦一生。如果我们可以在无边的"黑暗"中，不抱怨、不沮丧、不沉沦，保持希望、信任、乐观，自己来点亮一盏灯，那么前方就是一片光亮。只要有一颗光明的心，世界就不会被黑暗所笼罩；只要心中有阳光，世界就会永远光明！

让我们把那些优良的品质、那些美好的品德、那些明媚的精神，都珍藏心底，让它们发光发热，犹如太阳给我们指引方向、犹如能量给我们前进的动力，让我们的人生充满温暖和力量。

没有人会拒绝心灵的阳光，永远不要忽视自己身上的能量，也永远不要低估世界将给我们的回馈。当你的心灵充满阳光，世界会回赠你一整片天空、一大片草原，你的梦想和希望，都可以在那里驰骋、翱翔。

▓▓▓▓▓ 成长睿语 ▓▓▓▓▓

诗人顾城说："黑夜给了我黑色的眼睛，我却用它来寻找光明。"当你的心窗洋溢着明媚的阳光，你就会告别心中的阴影，活出自己的价值。因为漫漫的长夜吞噬不了即将到来的晨曦，飘摇的风雨磨灭不了阳光聚集的心灯。心灵的阳光，它将引领着我们追逐梦想。让我们珍藏心灵的阳光，让温暖充满我们的成长历程，乘着阳光的跑车，快乐向前！

经历是一种财富

有一句俗语叫做"我走过的桥比你走过的路还多。我吃过的盐比你吃过的饭还多"。很熟悉吧？不少家长或者长辈都对孩子这样说过，这句话后面往往还会跟一句"小毛孩，你还嫩着呢"。什么意思？就是经历多，经验丰富，比你成熟，比你懂得多。

确实如此，经历是让我们变得成熟的加速器，经历使我们变得深刻、全面、完善。成功的经历积累了我们的自信，失败的经历增加了我们的经验，顺利的经历给了我们技能，不顺的经历给了我们警惕。

一个人，因经历而见多识广、深刻渊博；一个孩子，因经历而成长、成熟。经历，是人生中无形而又巨大的财富。一位哲人在给年轻人的忠告中说："青年人正'生在此山中'，一般不识'庐山真面目'，人一旦到了中年以后，以至到老年，自然会发现：经历不但和自己一生所创造的物质财富紧密相关，还是一笔弥足珍贵的精神财富。"所以，那些对你说"我走过的桥比你走过的路还多"的人是有道理的。

有一部很有名的电影《贫民窟的百万富翁》，不知道你看过没有？

影片情节在现实与回忆的交替中慢慢推进：

现实是主人公贾马尔在参加一档名为"谁想成为百万富翁"的电视节目，需要回答很多问题；回忆是贾马尔从儿时到现在的种种不幸经历。正是这种种经历，使贾马尔获得了很多常人所没有的知识，让这位没有受过正式教育的贫民窟少年最终获得了 2000 万卢比的巨额财富。

通过镜头闪回，我们可以从那些零碎的片段中看到贾马尔的悲惨遭遇：年幼时失去母亲，与哥哥相依为命；在孤儿院被迫要饭，还差点被孤儿院负责人弄瞎眼睛，是哥哥的机智救了他；四处为家，在颠沛流离中渐渐长大；后来又与他喜欢的女孩卡媞拉走失，他不得不走上寻找卡媞拉的道路，不幸的是他几次找到她，却又几次失去她。生活，对于这个少年来说，残酷得不能再残酷了。但他很执著，他知道卡媞拉爱看"谁想成为百万富翁"的节目，于是他去参加，为了能让心爱的她看到自己。

幸运的是，他的这些经历帮助他在节目中一路走向胜利，正是年少时的种种磨难和遭遇，使没受过正规教育的他也答对了所有的题。

这部电影在第 81 届奥斯卡金像奖上获得了 8 个奖项，在世界各地电影节中获得了 105 个提名。它曾轰动一时，感动了全世界的人。很多人感动于故事的同时，也都在感慨：对于人生来说，经历，尤其是那些痛苦的经历，就是一笔巨大的财富，是给予人生的巨额奖金。

人的一生会有很多经历，比如求学经历、就业经历、恋爱经历、打工经历等等。这些经历中，有顺有逆，有成有败，有浓有淡，喜怒哀乐、人生百味尽在其中。如果说人生是一部书，那么每一次经历就是书中一段故事或一个篇章。它既可以自己翻看，又可供别人参阅，对谁都有启迪、警示的作用。

就像有人说的那样，经历得越多，生命越有长度；经历得越广，生命越有厚度；经历过险恶的挑战，生命越有高度；经历过困苦的磨炼，生命越有强度；经历过挫折的考验，生命越有亮度。

尤其是那些伟人、名人，他们的成功，都与丰富的经历有很大关系。毛泽东经历了中国的动乱年代，使他找到了救国救民的新道路；张海迪经历了高位截瘫，使她更加努力奋斗，成了身残志坚的榜样。还有许许多多带有自传性的文学作品，都向我们演绎了"经历是一种财富"这句名言的魅力。比如美国前总统克林顿在回忆录《我的生活》中讲述了他年轻时竞选国会议员失败一事，他说：幸亏这次竞选失败，它使我继续留在阿肯色州，苦干了十八年，取得了一个又一个让人瞩目的成绩，为后来竞选总统奠定了扎实基础；如果当初顺利地当上国会议员，我可能就会在国会干一辈子，这就意味着永远也没有机会当上美国总统。

任何经历都是一种积累，积累得越多，成功的机会越大。现在很多年轻人找工作，招聘单位都看他的工作经历，经历越丰富，被聘用的机会越大，因为领导都知道，经历能让他很快进入状态，上手快，适应能力也强。

任何经历，无论是成功还是失败，总会在你人生的轨迹上留下些许痕迹，让你有所获益。尤其是困难和挫折，假如我们能坚韧地面对一切，那么所有的这些经历，在关键时刻都会给我们无穷的力量。是的，只有经历丰富的人，才有丰满动人的人生。

▌▌▌▌▌ 成长睿语 ▌▌▌▌▌

普希金在诗里写道："假如生活欺骗了你，不要悲伤，不要心急！忧郁的日子里需要镇静，相信快乐的日子将会来临……一切都是瞬息，一切都将过去，而那过去了的，就会成为亲切的怀恋。"那些过去的，也将是你生命的财富。

e 时代，学会过滤垃圾信息

我们常常听到有家长惊呼：网络教坏了孩子！也常常可以看到，很多父母对孩子浏览不良信息束手无策。

可不是吗，因为网络不良信息导致青少年犯错、犯罪的事情时有发生。中学生因为沉迷网络而辍学；上网太多造成心理自闭；女学生跟网友见面遭绑架；15 岁男孩因为跟奶奶要钱玩网络游戏，奶奶没给就把奶奶杀害了；16 岁少年模仿电视法制节目绑架 5 岁孩童……真是让人不寒而栗，父母难免忧心忡忡。

信息爆炸的时代，大人小孩都被卷进了信息洪流之中。每天都会有千千万万的信息通过网络、影视、图片等各种渠道，向人们奔涌而来，让人应接不暇，并且这些信息鱼目混珠、泥沙俱下，垃圾信息、负面的东西也不免随之涌入未成年人的视野。

孩子不成熟的思想和超强的信息接收能力，使他们往往不辨好歹，什么东西都好奇，都要学习、模仿。

某报纸报道："16 岁少女完成色情小说，性描写赤裸裸让人吃惊"——一位网名叫"普绪客"的 16 岁女中学生，用将近一年的时间，完成了十几万字的色情小说，内容涉及"三角恋"

"同性恋""吸毒"，甚至有赤裸裸的性描写。一个16岁少女居然写出令大人们吃惊的色情小说，这无疑是一种"走火入魔"现象。人们常说，生活是创作的源泉。一个未成年的少女，怎么会有如此丰富的"生活底子"？谁促使她写出了远超其生活经验的东西？当我们仔细分析后，就会发现，垃圾信息乃罪魁祸首也。

真是让人啼笑皆非啊，这孩子有才吧？有！可是用偏了，用错了地方。

社会在进步，科技在发展，如今，看电视、上网、玩手机已经成为很多人生活中不可或缺的一部分。丰富多彩的节目、惊险刺激的画面，深深地吸引着大家，甚至使不少人着迷。很多成年人都不能自制，何况孩子。对于青少年来说，他们正处在学习的黄金时期，接受信息快，然而心理又很不成熟，往往不能分辨哪些信息是好的，哪些是坏的，垃圾信息就堆满了孩子的大脑。再加上一些家长不注意引导和周围同学的影响，他们往往会因为浓厚的好奇心以及低下的辨识能力酿成很多悲剧。

任何东西都是双刃剑，我们在享受高科技成果带来的便利的同时，也在失去一部分东西。君不见，一个家长在网上看到孩子找了个"媳妇"，正在跟所谓的"媳妇"以夫妻相称，谈情说爱，甚至模拟同居时，惊讶得下巴都要掉下来。一个十几岁的孩子，自己还要父母呵护，可却忽然间怀孕，生孩子，当妈妈了，这怎么能不让人痛心？如此早熟，让孩子无法多享受青春的单纯美好。

然而，在电视、网络、手机如此普及的当下，要让我们不接触它们那是不现实的。看电视、上网可以增长我们的知识、扩大视野、提高想象力、锻炼思维能力、激发对美好未来的向往，适当地接触是有益无害的。

我们上网没有错，使用手机也没有错，只是我们要有节制，要提高辨别是非、过滤不良信息的能力，要对来自各方面的信息进行合理的筛选，不能瑕瑜不分、全盘接受。要把学习能力、好奇心、想象力用在好的、正面的、有利于我们健康成长的方面，不要在与负面的、垃圾的现象进行碰撞时让自己引火烧身或陷入泥淖。否则的话，我们只能在信息丛林里迷失方向，被杂乱的信息淹没，给身心带来严重的伤害。

因此，我们一定要学会过滤垃圾信息，这样才能在方便快捷的 e 时代有所收获、有所成就，才能成为真正的"弄潮儿"。

一、提高认识。我们要认识到，一切事物都有两面性，都是双刃剑，用不好就会伤着自己。使用网络、手机也是如此，一方面享受着方便快捷，一方面要承担垃圾信息的污染。上网，可以在知识的海洋中冲浪、饱览，也可能遇到狂风大浪而呛水甚至被淹没，所以我们要有思想上的准备，提高自己的认识，时刻提防掉进陷阱。

二、正确有效利用。我们要正确有效利用电视、手机、网络，去看那些对我们有用的，能提高我们的认知、扩大我们视野的健康节目，浏览跟我们学习和生活相关的绿色网站，不要什么节目都看，把时间浪费在垃圾节目和网站上。

三、提高自觉性和判断力，拒绝垃圾信息、远离不健康网站，光靠老师教育和家长念叨是不够的，还得靠自觉。不论有没有人监督，我们都不要看不健康的东西。另外，要有判断能力，看穿那些骗子、陷阱。

四、跟父母一起呼吁、参与抵制不良网站和网络运营商，呼吁相关部门加强对电视、网络的审查和监管，从源头上把好关，尽量减少青少年接触不良信息的机会。不要让电视、网络成了教唆我们犯罪的"教科书"。

五、提高抵制诱惑的能力。我们的好奇心常常让我们迷失在信息的丛林里，五光十色的网络世界，对我们的诱惑真不小。如果能提高我们抵制诱惑的能力，就能减少我们犯错误的几率。抵制诱惑，也是我们以后的人生中所必需的一种能力、修养。

六、不妨装一些过滤软件。信息时代，垃圾信息随之汹涌而至，我们都避免不了随时遇到，如果能装上一些过滤软件，过滤掉那些垃圾信息，我们也就眼不见心不烦了。

七、不去网吧。网吧是个鱼龙混杂的地方，很多"有毒"的东西都从网吧溜出，不但危害性大，危险性更大，比如闹事的、猝死的，常见报端。我们要尽量不去，需要查阅信息的时候在学校机房或者家里查阅。

八、注意安全，提高警惕。上网时，我们一定要注意安全，提高警惕，比如绝对不要给陌生人提供家庭地址、学校名称、电话号码等信息；没有父母的允许绝不和网友约会；绝不回复挑衅或挑逗性的信息。如果遇到特殊情况，要及时向父母、老师或身边的人求助，或者及时报警。

成长睿语

不良的信息就像垃圾一样，污染着我们的思想和心灵，如果我们接受了那些信息，就会像染上病毒一样，它将潜伏在你的身体里，不定时地爆发，摧残你，影响你的生活和人生。你愿意这样吗？你想让自己的心灵堆满垃圾、思想带毒吗？拒绝垃圾信息，从现在做起！

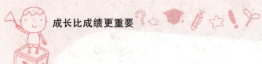

当幸福来敲门

这是一部电影的名字，它曾经红极一时，甚至今天，还有很多人在一遍遍观看。因为它为人们提供了奋斗的榜样，让人们相信"幸福总会到来的"，不灭的梦想总有一天会实现，只要我们有足够的坚韧、努力、信任。

电影改编自同名小说《当幸福来敲门》，故事亦是取材于真实事件。悲伤、温暖又感人。

已近而立之年的克里斯·加德纳，在28岁的时候才第一次见到自己的父亲，所以他下定决心在有了孩子之后，要做一个好爸爸。但他事业不顺，生活潦倒，只能每天奔波于各大医院，靠卖骨密度扫描仪为生。在他偶然间认识到做证券经纪人并不一定需要大学生文凭，而只要懂数字和人际关系就可以做到后，就主动去找维特证券的经理。凭借自己的执著和睿智，他得到了一个实习的机会。但是实习生有20人，他们必须无薪工作六个月，最后只能有一个人录用，这对加德纳来说实在是难上加难。这时，妻子因为不能忍受穷苦的生活，独自去了纽约，加德纳和儿子也因为极度的贫穷而失去了自己的住所，过着东奔西跑的生活。他一边卖骨密度扫描仪，一边作实习生，后来还必须去教堂排队，争取得到教堂救济的住房。但是，加德纳一直很乐观，并且教育儿子，不要灰心。因为极度贫穷，加德纳甚至去卖血。功夫不负有心人，凭借自己的努力，他最终脱颖而出，获得了股票经纪人的工作，后来还创办了自己的公司。

这是电影中的一些经典画面：

在最困难的时期，加德纳只能将自己仅有的财产背在背上，然后一手提着尿布，一手推着婴儿车，与儿子一起前往无家可归者收容所。实在无处容身时，父子俩只能到公园、地铁卫生间这样的地方过夜。

他和儿子在午夜的地铁里相对无言，儿子不能理解为什么不能回家住，爸爸却开始玩游戏："我们通过时光机，到达古代了！"儿子立刻兴奋地配合起来，环顾左右。父子俩在"恐龙"的追杀下，逃到了一个"山洞"里，"山洞"是什么呢，其实是一间男厕所。克里斯搂着熟睡的儿子，坐靠在厕所的墙面。午夜的灯光很惨白，这个消瘦的，营养不良的父亲，默默地流下了泪水。

儿子唯一的玩偶"美国英雄"，在一次挤车的过程中掉到了地上，5岁的男孩悲伤欲绝，但爸爸表情坚决，能怎么办呢？我们只能坚强地面对困难的凶狠和惨痛。无论多么深切的无望，都没有摧毁父子间的亲情和他们的信念，他们相信幸福总会落到自己的身上。"你是个好爸爸"，虽然跟着爸爸四处流浪，但孩子的心灵却和天使一样。

……

这些都让人无法忘怀。精彩得我不得不用这么长的篇幅来叙述它。

"幸福自己会来敲门，生活也能得到解脱。"我们要相信，没有翻不过的山，没有过不去的坎，生活需要你坚持，理想终将会实现。

然而遗憾的是，现实生活中的我们，常常只会关注理想的树立，而忽略理想实现过程的艰辛。特别是当面对一个看似无望的现实的时候，很少有人选择坚持，大多数人都选择放弃。也许顺应大潮的人也可能达到成功，但希望极其渺茫，只有逆流而上的人，才能扭转乾坤铸就辉煌。

媒体上说，一位在港的大陆学生，因为学业的压力、前途的渺茫等诸多原因，选择了自杀。看到这个消息，海峡两岸一片哗然，在大家的激烈讨论和反思中，有一位同样在香港毕业的大陆学生在网上匿名讲述了自己的故事。他说，自己当年在学校也曾经面临绝境，一文不名，甚至不得已而选择了做"乞丐学生"，比如平时偷偷住电梯间，蓬头垢面如乞丐，实在很饿，学校举办餐会的时候默默进场埋头大吃。他咬牙坚持着念完了全部课程，得以顺利毕业，后来还考上了博士，再后来有了不错的工作，有了漂亮的妻子和可爱的孩子。他说，有什么坚持不下来的呢？只要有梦想！

同样的经历，不同的结局。假如是你，你会怎样选择呢？

看看《当幸福来敲门》那些经典的台词吧：

"你有梦想的话你就得去捍卫它。"——是的，我们必须捍卫我们的梦想，只有梦想能载着我们到达成功的彼岸。李开复曾说："不要让任何人告诉你：你的梦想不实际。梦想的目的不是为了实际，而是为了给你的人生带来意义和快乐。"也许，这就是正解。

"别让别人告诉你你成不了才，即使是我也不行。"——是的，即便是你的父母，如果他们告诉我们类似的话，也不要听、不要信。天生我材必有用，我们总有一样东西是别人没有的，我们总有一个优势让我们站上峰顶。

"那些自己没有成才的人会说你也不能成才。"——不要听那些丧气话，不要轻信悲观的人，不要去理睬那些朝你扔石块的人，他们是错的！

"有了目标就要全力以赴。"——树立目标，全力以赴，GO！

成长睿语

电影《当幸福来敲门》的英文片名为 The Pursuit of Happyness，这其中 Happyness 的拼写错误是别具匠心的，它暗指了片中一个意味深长的场景。克里斯·加德纳看到墙上涂鸦中一个单词拼写错误，他说：There is no y in happiness，There is i. 是的，幸福里面没有"为什么"，只有"我"。不问原因，埋头努力，幸福，自然会自己来敲门。

汲取正能量

　　2012 年 7 月 4 日上午 10 时许，众多网友在新浪微博、搜狐微博等博客网站纷纷发布"点燃正能量，引爆小宇宙！"和"点燃正能量，运气挡不住！"的博文，由此引起了更多网友的好奇和跟进，一时间，互联网上到处都弥漫着"点燃正能量"的话题，而跟话题相关最密切的是 2012 伦敦奥运火炬。

　　这是怎么回事呢？为何有成千上万的网友集中聚焦正能量和伦敦奥运火炬呢？原来，2012 伦敦奥运会火炬传递邀请了十多名中国草根阶层到英国进行本届奥运火炬传递。这其中，有凭借卖羊肉串的微薄收入资助贫困学生，先后捐赠 20 多万元的阿里木江·哈力克；有曾两次因为心脏停搏而被下了死亡通知书，但凭借顽强的毅力击败病魔并在 24 岁时成为交通系统最年轻劳模的陶崇文；有日夜兼程赶赴贵州山区用自己 240 毫升的"熊猫血"挽救了病危产妇的 25 岁女孩毛陈冰；有放弃深圳都市生活到黔南偏远山区支教的余恒菊等等。

　　网友们称：他们身上都绽放着正能量的光辉，都用自己的实际行动谱写了人间大爱，都用自己的榜样力量诠释着真善美的人生价值观，他们处处迸发着正能量的闪光点。"她献的不是血，她献的是正能量价值"，"可以说他就是正能量的化身"，这

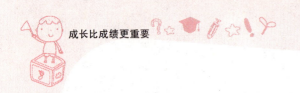

些描述都是最贴切的赞扬。

有媒体称：中国网民的"正能量解读"与伦敦奥运会"激励一代人"的口号不谋而合。代表着中国正能量的火炬手，用自身的事例诠释着草根阶层的正能量价值，给了整个社会以"正能量"，能够促使社会风气向着积极健康的方向前行，也让更多的国人读懂了正能量的意义。中国需要正能量的光辉，侠肝义胆的热心人。他们身上蕴藏的正能量，让社会多了一些帮助少了一些戒备，多了一些信任少了一些欺骗。成千上万的网友纷纷在微博中用"网络快闪"的方式呼唤正能量，正是他们内心渴望真善美的真实写照，也是对公平、正义、和谐等价值观的鼓与呼。

另外，公众还认为正是火炬手自身绽放出来的正能量价值，为他们带来了好运气，为他们带来了成为伦敦奥运火炬手这千载难逢的好机会，他们获邀远赴伦敦亲历火炬传递。

可见，正能量是一个人乃至一个社会、一个国家所必须具备的精神能量。

究竟什么是"正能量"？"正能量"原是物理专业用词，意思是以真空能量为 0，能量大于真空的物质能量为正，能量低于真空的物质能量为负。现在泛指一切给予人向上的力量、给予人希望和追求，使人行动的动力和感情。就像我们上面看到的，这些火炬手们身上的品质都是正能量。

和那些带有正能量的人交往，你会觉得安全、放松、喜欢接近，他们健康、积极、乐观，充满热心、希望与信念，你会觉得他们浑身散发着诸如善良、同情心、公德心或愿意去支持你的气息，让你能感染到那种快乐、向上，觉得生活舒服而有趣的情感。他们就像是一个正能量磁场或一种气流，可以补充或改造四周较弱的负能量磁场。

而和那些带有负能量的人交往，你会感觉不安全、紧张，处于防卫状态，他们的悲观、畏惧、绝望、看什么都不顺眼，也会让你觉得生活暗无天日。他们把"负能量"传递给了你，你觉得是被吸取、压榨和剥削的感觉，感觉不舒服，自己是被挑剔的、挑战和攻击的，你会很想逃走。

所以，做一个正能量的人非常重要，如果周围人都认为你是一个负能量的人，对你的工作和人际关系都有很大的破坏。蔡永康在接受记者采访，对小 S 进行评价时说："小 S 是个很好玩的人，她个性本身就很乐天，很有活力。这个朋友让我觉得活着是一件很值得、很舒服、很有趣的事。有的人会让我觉得活着很没劲，碰到她会把我的能量都吸走。"由此，很多人都提倡"不要和负能量的人交朋友"。

现在很多人，总觉得每天都过得好辛苦，好像周身都被悲催的事情包围着，"每周总有那么四五天不想上课"，"每个月总有那么二十几天不但不想上班还觉得非常点儿背"，其实这都是负能量在"附体"，它让你体内充斥着各种坏情绪，看世界都觉得是灰色的，它能将你带到失败的黑洞里。

所以，我们要抑制坏情绪和消极的心态，打散负能量，聚集正能量，否则你可真悲催了。

信什么就能见到什么，学会感知自己的价值，汲取正能量，拥抱正能量，才会是一个光明快乐的人，才能受人欢迎，才能有好运气，才能更容易获得成功。

"点燃正能量，引爆小宇宙"，让我们像那些火炬手代表一样，绽放光芒，积极生活吧！风华正茂，青春正好，向上吧，少年！

成长睿语

盛大文学 CEO 侯小强说："什么是正能量？我想有八个方面：1. 形态上多微笑。2. 心态上要乐观，要想开，每个当下都自在。3. 人际交往要与人为善，要谦卑。4. 天道酬勤。5. 少抱怨，抱怨就像乌云。6. 知止，该收手的时候要知道停止，无论是情绪还是欲望。7. 适度的走路和放空可以获得能量。8. 不流连无法改变的事情。"假如你做到了这八条，你就会发现，你已经成为一个拥有正能量且备受欢迎的人。

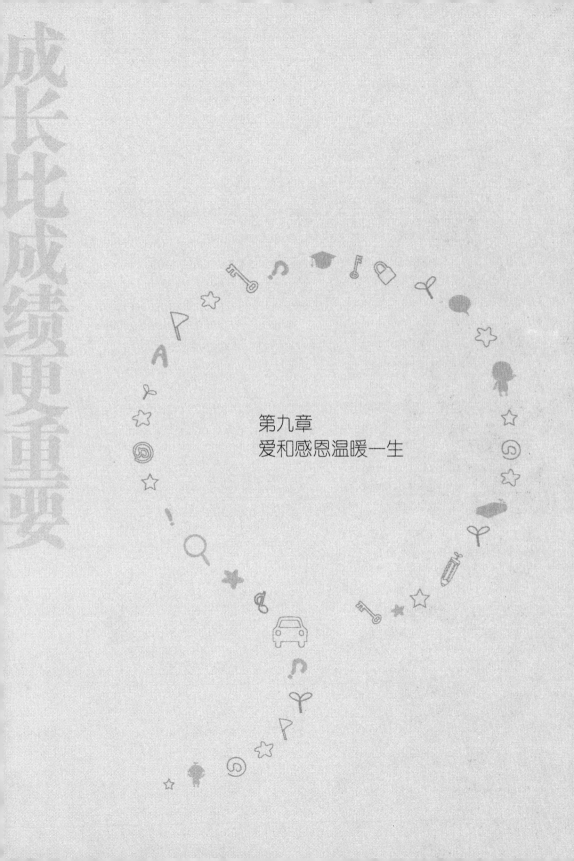

成长比成绩更重要

第九章
爱和感恩温暖一生

有爱才有美好时光

有一位作家，喜欢偶尔去深山古刹享受一下清幽，但从不长住。她在文章里说：我承认我是俗人，贪恋红尘之中的亲情之暖，爱情之美，友情之甘！鲜衣骏马，美酒香花，每一件都让我动容，都让我恋恋，舍不得放下。俗人的小快乐，俗人的小幸福，俗人的小烦恼，我都有。我不是那出尘之人，我贪红尘烟火，恋尘世温情。有懂我的古人早说过，岁月深深深几许，红尘之外流年寂。

很喜欢这段话，很感动。你我都是凡人，在红尘俗世里度过每一天，围绕在我们身边的是父母亲人、老师同学、恋人朋友，他们给予我们"亲情之暖，爱情之美，友情之甘"，让人恋恋动容。更有那陌生人之间的大爱温情，让我们感受人心之仁慈柔软、世间之温暖如春。在那些漫漫人生路上、深深岁月之中，我们可以回顾每一个动情时刻，看那因爱而美的画面，剪一段美好时光珍藏。

首先是亲情，它在你还没有来到这个世界前就先期而至，并时刻伴随你度过慢慢人生征程。父母之爱、手足之情，犹如我们人生之树的根，让我们牢牢站在生命的大地上，给我们生命之本。妈妈的疼，爸爸的爱，时时刻刻萦绕在我们周围，就像万物不能没有阳光、空气和水分，亲情是生命存在和发展的基础，是我们起航的船、回归的岸，也是能让心灵休假的永久港湾。妈妈的叮咛，爸爸的嘱咐，让我们的人生少走弯路。有了亲情，黑暗中的道路会被照亮；有了亲情，生命中的寒冬将充满温暖；有了亲情，你的人生总会柳暗花明又一村。

君不见，有多少的文字、影像、音乐都在描述它、歌颂它；君不见，有多少人为之执手相望、无语凝噎。这就是亲情，我们生命中遇到的第一种深刻感情。

其次是友情，当我们一天天长大，我们就会发现，这个世界上除了家和爸爸妈妈，还有很多其他的人，在我们的生活中出现，尤其当我们进入学校，友情，慢慢在我们的生命中生根发芽。如果说亲情是人生之树的根，那么，友情就是那婆娑的枝叶，给我们盎然生机，为我们的生命披上绿之蓬勃。如果说亲情是阳光、空气和水，那么，友情就是月亮和星星，友谊之光有时像月光之纯洁明媚，给我们带来安宁祥和；有时又像星光之深邃幽远，给我们带来深思、启发与智慧。

君不见，那些对友情的形容，多么让人惊叹、警醒。"世界上三件东西最宝贵：知识、粮食和友谊"，"蜜糖算最甜，友谊的话比蜜糖还甜"，"讲到名望、荣誉、享乐、财富等，如果拿来和友谊的热情相比，这一切都不过是尘土而已"，"友谊是天地间最可宝贵的东西，深挚的友谊是人生最大的一种安慰"……我们怎么能忽视友情，我们又怎么能不珍惜友情。

有人说，友情是人一生中不可缺少的情感，如果一个人不曾拥有友情，那么这个人就不能算真正的活过。是的，这一点也不夸张。没有友谊，你的心灵将是一片荒原。只有拥有真正朋友的人，才能感受到它真正的美好之处——有多少笑声都是友谊唤起的，多少眼泪都是友谊擦干的。除了父母，是谁在你悲伤无助的时候给你安慰与关怀，在你失望彷徨的时候给你信心与力量，在你成功欢乐的时候分享你的胜利和喜悦？是朋友。

最后是爱情，我们人生的路上，遇到的最后一个深刻感情是爱情，但它却是我们感情之中最为激烈、最为火热的一种，就像有人说的那样，爱情是光，爱情是电，让我们的生命闪耀、迷人。亲情是根，友情为枝叶，爱情便是灿烂的花朵，是生命的璀璨精华。一个人，只有经历了深挚热烈的爱情，才能走向成熟，生命才能得以尽情绽放。

当你还没有长大，还没有遇到它的时候，让我们静静等待，终有一天，爱情的芬芳会扑面而来，让你闭上眼睛深深呼吸。

正是亲情、友情和爱情，丰沛了我们的心灵，滋养着我们的生命，它们让我们感受到爱、学习到爱，懂得什么是人生中重要的东西，什么是这个世界上我们要誓死爱护和珍惜的情感。我们所能记住的那些神采飞扬的时光，无一不是与之有关。

亲情之暖、友情之甘、爱情之美，爱亲人、爱朋友、爱恋人，有爱，才有美好时光。

▌▌▌▌▌ 成长睿语 ▌▌▌▌▌

亲情、友情和爱情，带给我们生命的美好，是我们最深的爱恋，是我们的财富和珍宝。可我们还得知道，正是因为如此，也往往最容易让我们受伤，带给我们最深的伤痛。人世间，也因此演绎着悲欢离合、世事沧桑。我们要有足够的智慧来面对奇妙莫测、盘根错节的情感，爱他们，爱自己，学会宽容、感恩。

初恋这件小事

有喜欢马里奥·毛瑞尔的同学吗？有的话，那肯定就知道《初恋这件小事》这部电影了。是的，他在里面饰演帅到爆棚的阿亮学长。除了马里奥同学，当然其他人演得也不错，不然电影也不会那么轰动，受那么多人喜爱。网上一搜，300多万条相关信息，影评、评论、推荐、观后感什么的更是铺天盖地。为什么？不就是男主角很帅女主角很可爱吗，不就是"暗恋、青春、励志、小清新"吗，值得那么激动吗？难道因为"感动度、搞笑度、催泪度都是100%"？不，这都不是重点。

重点是"每个人都经历过的暗恋情结"，"95%的人都有过同样的经历"，这才是受关注和受欢迎的原因。

小水是初中一年级一个最最平凡的小女孩，她的功课一般，长相一般，是那种平凡得让人过目就忘的孩子。但这位平凡的女孩偏偏爱上了学校中最优秀、最善良、也最帅气的高一男生——阿亮。身为校园中的风云人物，阿亮从来就是女孩们的焦点，无论是功课、体育、还是长相都很出众，让全校的女生都为他疯狂。小水明白自己根本无法与那些优秀的女孩们竞争，她只希望能离阿亮学长近一点。于是她做了很多傻傻的小事，只为能引起阿亮的注意。做了很多很多努力改变自己，也只为能靠阿亮再近一点。

其实，她并没有发现，阿亮学长也很喜欢她，也是像她一样偷偷暗恋着她。

小水的努力让她在初三时成为学校名副其实的风云人物，她变成了男孩们眼中最可爱、最温柔和最值得追的校花级女孩，但小水心中依然收藏着她那小小的愿望。于是她拒绝了阿亮的好哥们儿阿拓的表白。阿拓只好去央求阿亮不去追小水，说无法看到自己喜欢的女孩成了好朋友的女友。阿亮出于对友情的重视，答应了。就这样，三人经常在一起，相互亲近又相互疏离。最后，在初中毕业之时，小水终于鼓足勇气向阿亮表白，却发现阿亮已经在一个星期前接受了小彬学姐，两个人又一次错过。阿亮并没有和小彬学姐在一起，只是出于当初对阿拓的承诺，隐藏了自己的真实感情。

在长期的相处中，小水和阿亮都互有好感，可是却一次次错过。阿亮为了兄弟阿拓的承诺，把对小水的爱深深埋在心里，那点点滴滴的美好记忆也被尘封在阿亮的相册里，面对小水的表白，阿亮既欢喜又痛苦，他只有将对小水的爱变成默默的祝福。后来小水去美国学习，阿亮则成为职业足球运动员。

9年以后，两个人都有了各自的成就，小水成为一名出色的服装设计师，阿亮则从一名超级球星成功转型为一名摄影师。在一次小水回国后的节目采访现场，主持人请来了阿亮学长，时隔9年，两个人再一次相见，小水问阿亮有没有结婚，而阿亮回答，我一直等那个人从美国回来……小水笑着哭了。

是不是这些桥段都很熟悉？是不是自己也曾经就这样冒傻气？是不是也想哭也想笑，美丽又心酸？是啊，无法言明的感情和经历，无法忘记的岁月和青春。

初恋，每一个走过青春期的人，谁没有经历过呢？甚至没有走过青春期的小毛孩都知道初恋呢！初恋是美好的，美好到如夜空里的星星，照亮了我们的每一个夜晚；初恋又是忧伤的，忧伤到如晶莹的眼泪，藏在我们的身体里、心底里伴随一生。

也许你还没到初恋的年龄，正充满向往；也许你正在初恋，甜美酸涩布满心房；也许你刚刚走过初恋，那些气息那些温度还留在你的指尖上。但不管怎样，初恋它都在那里，不远不近，朦胧迷离，美而伤，甜而涩，镌进时光，刻进记忆。

那是我们情窦初开的见证，是我们成长中的符号，是从幼稚走向成熟的路口。站在那里，我们常常会偷偷努力，不知所措。一边是自己的懵懂青涩好奇难耐，一边是家长和老师的耳提面命谆谆教导，就是在这样的矛盾交织取舍纠结之中，我们长大了。

"阿亮学长，我有话想对你说……我很喜欢阿亮学长，已经喜欢三年了。我所做的一切，我努力改变自己，都是为了你。我去报名参加舞蹈社，去演话剧，去当军乐队指挥，努力让自己学业进步，都是为了你。但是我现在知道，我最该做也早就该做的事情就是亲口对学长你说：'我喜欢你'。"

"在我们每一个人的内心深处，都藏着一个人，每次想起他的时候，会觉得有一点点心痛，但我们依然愿意把他留在心底。就算今天，我不知道他在哪里，他在做些什么，但至少知道，是他让我了解，什么是初恋这件小事。"

"要让爱情成为动力，让自己变得更厉害，更漂亮，每个方面都变得更好，那个人就会自己回头看你。"

"我们或许不白也不媚，但是可以美得很有性格。"

"如果要为爱努力，就要尽心尽力去做，你爱的人，就会来找你。"

……

初恋是漫长人生中的一件小事，又是"万恶青春"中的一件大事，在没有自我认知与定位的十几岁撞上的第一个人会影响我们的整个人生。在我们还没有真正明白恋爱是什么的时候，在我们还没有真正懂得爱情的意义和内涵的时候，让我们先学会这些爱的智慧。

　　如果遇到的这件事，只是偶然

　　那也是最伟大的一次偶然

　　让我立刻知道，爱情的模样

　　就是今天，我的心跳个不停

　　想要隐藏内心的悸动，却无法控制

　　不想让你知道我藏在心里的秘密

　　那是在我心最深处的，一件小事

　　小心保存，或许某天你会察觉

　　爱，这件小小的事

　　仅仅是爱或许并不伟大

　　但我的世界早已为爱你的心而转动

　　初恋不可怕，恋爱也不是洪水猛兽，告诉我们的家长和老师，那是我们健康成长的标志，让他们支持和理解我们，让他们引导我们而不是阻止我们。只有经历了，只有懂得了，在以后爱的道路上，我们才能收获一路花香、一路旖旎。

▌▌▌▌ 成长睿语 ▌▌▌▌

　　进入青春期以后，我们的性别意识和性意识会随着生理上的日益发育成熟而开始觉醒。在性意识发展的过程中，男孩女孩都会产生对异性的好感和爱慕，有一种与有好感的异性同学相互接近、了解、交往并结为朋友的需要，产生互相吸引的心理。这是青春发育期的一种正常生理反应和心理现象，是人的情感世界中美丽而珍贵的内容，而人类异性之间的交往，也是最富有魅力、最激动人心的人际关系。一切都是正常的健康的，所以我们不要担心害怕。跟异性交往要相互尊重、相互学习、互相促进。男女有别，互为补充，只要我们能正确认识和对待，初恋也是进步的阶梯。

懂得感恩，温暖一生

每年 11 月的第四个星期四，知道是什么日子吗？不知道？那你得去反思了。知道？那你是一个很懂事的孩子，值得表扬。这一天，是感恩节。虽然这个节日来自国外，但现在许多中国人也知道，很多人也过这个节日，给妈妈洗洗脚，给老师送朵花，向朋友们打电话发短信说谢谢……不一而足。这是一个值得全世界人民都记住并庆祝的节日，因为感恩是人类所必须具有的美德。

▊▊▊ 咱们先说一下感恩节的来历：

1620 年，著名的"五月花号"满载不堪忍受英国国内宗教迫害的清教徒 102 人，在海上颠簸了两个月之后到达美洲，在现在的马萨诸塞州的普利茅斯登陆。他们到达之时正是酷寒的 11 月，在饥寒交迫和传染病之中，半数以上的移民都死了，冬天过后，活下来的移民只剩 50 余人。这时，心地善良的印第安人给移民送来了生活必需品，还特地派人教他们怎样狩猎、捕鱼和种植玉米、南瓜。这些人在第一个春季，即 1621 年的春天开始播种，整个夏天他们都热切地盼望着丰收的到来，他们深知自己的生存以及殖民地的存在都将取决于即将到来的收成。最后，在印第安人的帮助下，庄稼获得了意外的丰收。为了感谢上帝赐予的丰收，他们举行了 3 天的狂欢活动，并决定为感谢印第安人的真诚帮助，邀请他们一同庆祝节日。从此，这一习俗就延续下来，并逐渐风行各地。1863 年，美国总统林肯宣布每年 11 月的第四个星期四为感恩节。

如今，感恩节已风靡全世界。它提醒着人们要心存感恩——对天地、对自然、对神明、对亲人、对朋友、对生命，存一颗感恩的心。

可不是吗，天地为我们提供了生存的空间，自然为我们提供了生存的条件。而我们每一个人，从小时候起，就领受了父母的养育之恩，等到上学，有老师的教育之恩，工作以后，又有领导、同事的帮助之恩，年纪大了之后，又免不了要接受晚辈的赡养、照顾之恩。总而言之，作为单个的社会成员，我们都生活在一个多层次的社会大环境之中，都首先从这个大环境里获得了一定的生存条件和发展机会，社会这个大环境也是有恩于每个人的。难道我们不应该感恩吗？

感恩是一种美好的感情，是一种处世哲学，也是生活中的大智慧。

拥有一颗感恩的心，会让你对世间的诸多事情改变看法，让你少一些怨天尤人和一味索取，不为自己没有的斤斤计较，也不使自己的私欲膨胀。当一个人懂得感恩时，便会将感恩化作一种充满爱意的行动，实践于生活中，懂得孝敬父母、理解帮助他的人、主动地帮助别人。

中国自古以来就有"知恩不报非君子"，"滴水之恩当涌泉相报"的古训。感恩是每个人都应该有的基本道德准则，是做人的根本。

不过，感恩不是简单的报恩，它是一种责任、自立、自尊，是一种追求阳光人生的精神境界！一个人只有怀着感恩的心态，才会忽视生活的苦难，时刻看到生活的美好。对于生活心存感恩，你就不会有太多的抱怨，感恩之心足以稀释我们心中的狭隘和蛮横，还可以帮助我们度过最大的痛苦和灾难。

一、感谢父母。羊有跪乳之恩，鸦有反哺之恩，父母养育了我们，为我们提供了吃穿住用，让我们健康快乐地生活在这个世界上，我们首先要感恩的就是父母。然而，现在的很多孩子，从来没有想过父母对自己无微不至的照顾有多么辛苦，想要什么东西只管向父母伸手，而当父母生病时却不闻不问。我们一定不要做这样的"白眼狼"。

二、感恩老师。亚历山大说："我尊重亚里士多德如生身之父，因为如果说我的生命属于父亲，那么赋予生命价值的所有一切都属于亚里士多德。"老师是给予我们知识的人，是给我们打开知识宝库钥匙的人，是我们人生路上的领路人，所以我们一定要感恩老师，尊重老师。

三、感恩朋友。有一位成功人士在接受记者采访时说："我非常感谢一直以来支持我、关心我的哥们儿和朋友们，是他们，陪我一起走过风风雨雨；如果没有他们，就不会有我今天的成功！他们慷慨地帮助我、提醒我，让我的事业顺利，可以说他们是我生命中的贵人，他们帮助我成长，是我的良师益友，我真的很感谢他们。"

一个人的一生必然会有一些朋友。真正的朋友不仅可以同甘共苦，而且可以帮助自己解决许多人生当中的困难和麻烦。一个人的成功或多或少与朋友的支持是分不开的。朋友是我们要感谢的人。

四、感恩生活。生活是美好的，也是痛苦的。人生在世，不可能一帆风顺，种种失败、无奈都需要我们勇敢地面对，豁达地处理。如果我们囿于种种"不如意"之中，终日惴惴不安，那生活就会索然无趣。相反，如果我们拥有一颗感恩的心，善于发现事物的美好，感受平凡中的美丽，那我们就会以坦荡的心境、开阔的胸怀来应对生活中的酸甜苦辣！

学会感恩生活、感恩朋友、感恩大自然，每天都以一颗感恩的心去承接生活中的一切，一颗心就会被温暖笼罩，被甜美滋润。

成长睿语

英国作家萨克雷说：生活就是一面镜子，你对它笑，它也笑；你对它哭，它也哭。一个人，如懂得感恩生活，生活将赐予他灿烂的阳光；如不感恩，而是一味地怨天尤人，最终可能一无所有！一个人如果习惯于感谢他人，他将得到他人的信任和喜欢；一个人如果习惯于感谢生活，他将得到生活的眷顾和宠爱。

有爱不觉天涯远

||||||| **这是一篇很感人的文章，让无数人流泪收藏。**

　　她15岁那年，父亲死于一场车祸。家里塌了半个天，她的心却完全塌了。从小她就是父亲最宠爱的宝贝，可是幸福到此戛然而止。那个沉闷的夏天，她封闭了自己，几乎不和任何人说话。

　　与她相反的是母亲，母亲依然衣着光鲜地上班下班，和别人谈笑自如，好像父亲的离去对她毫无影响。她感觉到自己的心就像被针尖一点点地刺了个遍，不能理解母亲的行为。母亲发现了她的自闭和忧郁，开始带她出去游玩，给她买色彩鲜艳的衣服，甚至给她买了电脑，让她寂寞的时候上网找开心。然而，她对母亲所做的一切，只是冷冷地拒绝。

　　终于，在父亲去世后她的第一个生日那天，她爆发了，摔了生日蛋糕，面对一群亲戚朋友歇斯底里地大吼："没有爸爸的生日，我不快乐！"众人愕然，母亲不知所措。

　　那天晚上，她听到母亲房间有压抑的哭泣声。她在母亲的房门口站住，看到母亲的肩膀剧烈地抖动着。这是父亲离世后她第一次看到母亲

231

哭，她也第一次发现，原来母亲的肩膀竟是如此瘦削。她默默地站了半晌，终于走进去，轻轻揽住了母亲的肩头。

第二天，她起床时发现床头放着一张纸条："娇娇，爸爸在天上看着我们呢，我们娘俩在一起，要快乐地活着，他才会开心。有爱不觉天涯远，哪怕是隔着两重世界。"

有爱不觉天涯远，她反复读着这七个字，泪水涌满了眼眶。

自此，母女俩相依为命。母亲艰难地供她读书，考上大学，她又得了全额奖学金，要出国深造。临走的晚上，她抱着枕头来和母亲一起睡。母亲把所有该叮嘱的都叮嘱了一遍，她依偎着母亲，一直沉默。到开口说话，已是泪眼婆娑："妈，我走了，你怎么办？"母亲拍拍她的头，笑着说："傻丫头，有爱不觉天涯远，我会自己照顾自己的，等你回来，买了大房子，接我去享福。"母亲轻轻地笑着，可是母亲的手，却是颤抖的。

两年之后，她学成归来。母亲因为操劳而苍老得厉害。好日子还没过多久，母亲就被送进了医院。最后的时刻，母亲抓着她的手，嘴唇翕动。她俯身上前，把耳朵贴在母亲的脸上，听到母亲微弱的声音说："乖……不怕……有爱……不觉天涯远……"

有爱不觉天涯远！她跪在母亲的床前，泪如雨下。

每一次读完，都会鼻子发酸，眼睛含泪。有爱不觉天涯远，无论我们身在何地，无论我们身边发生了什么，有爱的牵挂，我们都不会倒下，会一直勇敢面对人生、面对世界。

父亲走了，但父亲的爱还在，母亲对父亲的爱也并不因此而减少，所以她内心平静，用快乐生活来告慰父亲的在天之灵。爱情不因为生死而中断，更不因为意外而消失。

她远渡重洋，母亲依然告诉她自己会照顾好自己，让她放心。她还是平静生活，她的爱也随女儿远渡重洋，女儿能感觉得到。亲情更不会因为距离而变淡，母爱也不会因为遥远而减色。

无论是天堂还是天涯，有爱，就不远。

爱让距离消失，爱让空间收缩，爱能穿越一切障碍，到达我们的身边，我们的心上，给予我们安慰和温暖，给予我们生活的勇气和向上的朝气。爱能驱除孤独，爱能融化寂寞，爱能陪伴我们永远不孤单。

不管是亲情之爱还是爱情之爱，抑或友情之爱，都是如此。

古诗词里写，"但愿人长久，千里共婵娟"，"海内存知己，天涯若比邻"，"海上生明月，天涯共此时"，都是表达了这种意思：相爱的人永世相爱，即使相隔千里也心思想念；四海皆兄弟，即使大家在不同的地方，也像在一起一样。

古人如此，今人更是如此。有人感叹：我们把家扛在肩上，把爱藏在心里，从此与父母、妻儿、亲朋这些至亲的人天涯相离，行者无疆；长期的分离并没有泯灭我们心中的爱，尤其在如诗如歌的中秋月圆夜，几番相思，几番离愁更是浓烈。现在，交通发达，各种信息通讯设备让我们感觉不到距离的隔阂，感情可以随时联络，随时表达。不论天涯，不论海角，有爱，心和心就在一起。

成长睿语

人生是如此相似，我们长大——求学、离家，拥抱、分别。有的人，相见时难别亦难，有的人，自此便无机会再相见，还有的人，在岁月的长河中生死别离。然而，我们的情感和爱并没有减弱。彼此有爱，天涯也是咫尺。

仁爱是人性的光辉

《三字经》上讲："人之初，性本善。"我们生来就是善良的，我们的天性里就有仁爱，这种品质犹如朝阳的光辉，照亮了我们人生的路，开启了我们的生命之旅。可是，随着我们慢慢长大，这缕人性的光辉日渐减弱，甚至成了稀有的东西。所以，保持仁爱之心的人总是让我们感动，付出仁爱行动的人总会得到赞扬。当然，我们也看得到，大部分人心底还是珍藏着这份光芒的，只是有时掩藏太深几乎看不见了，抑或没有到发挥作用的时候。

怀有善心、爱心、同情心、怜悯心，把我们的好品质都显现出来或以实际行动呈现，把我们柔软温暖的心用在日常生活的每一天，你会发现，你的世界将是繁花一片。

有一个古老的故事，影响了无数的人：

清朝时，一位年轻人要进京赶考。由于路途遥远，走着累了，便在河边休息。忽然看见河面上许多蚂蚁挣扎着。他见状，心中非常不忍，立刻捡起一张大树叶放到蚂蚁旁边。蚂蚁见状，纷纷爬上去。他立即将树叶放上岸，高兴地跟蚂蚁说："小心点，不要再掉到河里了。"向蚂蚁道了声"再见！"便匆忙赶去考场。

由于他天资聪明，平常又用功，做起题格外

得心应手，哪知道，百密一疏，刚作答的"马（馬）"字，少写了一点，心中懊恼不已。但想不到奇迹发生了！就在阅卷官正批改他的考卷时，一只蚂蚁往"马"字边上一站，也许阅卷官年纪大，竟然没发现其中有错误，而年轻人就这样金榜题名，考取进士。

这就是仁爱的回报。有一颗仁爱之心，行仁爱之事，光明就会降临到你的身上，也许就照亮了你的前途。佛家说，每一次善，都是一次因，总会结出果。所谓的善有善报，就是这样的。

一个人，如果没有仁爱之心，常常表现得自私、狭隘、偏激，甚至冷酷、残忍，即便他再有才能，也不能成大事。因为没有人喜欢跟这样的人打交道，也没有人支持这样的人。

人格是最高的学问，品性是竞争中最后的较量，宅心仁厚的人，最终会取得胜利。

他上中学的时候，就开始关注街头流浪者无家可归的问题。有一次，在从学校回家的路上，他遇到一个流浪汉，就停下来问那个流浪汉需要什么东西。

"我需要一个家、一份工作。"无家可归的人感叹道。他为难了：自己还是个小孩子，怎么才能帮他呢？家和工作自己都不能给他呀。于是，他接着问："你还要什么其他的东西吗？"

流浪汉很无奈地笑了一下，带着满脸的憧憬说："我真想能够吃一顿饱饭呀。"

他很想立刻答应他，可是心里还是有点担心，父母是否会同意自己的做法。于是他对流浪汉说："你可以等我一下吗？我回去征求一下家人的意见，你一定要等着我！"

他飞跑着回家了，把事情告诉妈妈和爸爸，希望得到他们的支持。爸爸听罢，欣慰地笑了："好孩子，这是一件非常好的事情，爸爸绝对支持你。孩子，你要记住，我们每一个人都应该关心他人。仁爱是人类

最光辉灿烂的人性。"

他高兴地点点头，并把父亲的这句话深深地印在了脑海中。接下来的三天里，他在爸爸妈妈和两个姐姐的帮助下，做了一百多份饭，送到他们家附近的一个流浪者收容所。

在以后的一年时间里，几乎每个周五的晚上，他们全家都要给收容所送饭。后来，他的活动得到了全班同学还有他们社区的理解和支持，活动不断地扩大了。

2001 年 1 月，他出任小布什政府的国务卿，成为美国历史上第一位担任该职的黑人。他就是科林·卢瑟·鲍威尔。

鲍威尔在一篇文章中这样写道：我们每个人都应该关心他人，仁爱是人类最光辉灿烂的人性……这是父亲对我说的话语，它影响了我的一生！

可以说，仁爱是成大器的必要条件。仁爱是对人、对物、对事的一贯热情和关心，是能觉察体验别人的心情，能站在别人的位置与角度，感受别人的欢乐、痛苦、烦恼、失望之心，是大善大爱。而缺乏仁爱之心的人只关心自己，只顾自己的快乐，而无视别人的痛苦，甚至将自己的欢乐建立在别人的痛苦之上，这无疑是可怕的。

▓▓▓▓ 成长睿语 ▓▓▓▓

仁爱是一种良好的品德、高尚的情操，是人必备的一种最基本的素质，是一种美好的感情，是我们天性中最灿烂的光芒，我们要好好保护，要发扬光大。《瓦尔登湖》的作者梭罗说："我们天性中最优美的性格，好比果实上的粉霜一样，是只能轻手轻脚，才得保全的。"那就让我们轻轻地去爱惜它、保全它。

锻炼爱和被爱的能力

有一位妈妈讲述了这样一件事情：

儿子特别喜欢吃烧鸡，尤其爱吃鸡腿。每次买来烧鸡，她都先将鸡腿放在儿子的面前，而自己只吃鸡头、鸡爪。一次，朋友请他们母子吃饭，给他们母子各夹了一只红烧鸡腿，没想到儿子说："我妈妈不爱吃鸡腿，妈妈爱吃鸡头、鸡爪。"她听后感到不是滋味，没想到自己对儿子的一片爱心，被误解成了自己的一种饮食爱好。后来又一次吃烧鸡时，她只将一只鸡腿送到儿子面前，自己也拿起一只鸡腿吃了起来。儿子立刻瞪大眼，大声吵起来："你怎么把我的鸡腿吃了?"这时她郑重地对儿子说："不是妈妈喜欢吃鸡头，是爱你心切，才把鸡腿让给你吃，你也要学会怎么爱妈妈。"可儿子闷闷不乐，因为他并没有理解妈妈的爱心，也不懂得怎么爱妈妈。

这位妈妈讲述这件事的时候，是在一个公共场合。她发现，现在很多孩子都和儿子一样，不懂得爱父母，不知道什么是体谅父母。虽然母子连心，人生来就对父母有神秘情缘，但还是有很多孩子被娇惯得失去了本来应该有的品性。

我们不难发现，生活中也有不少这样的例子，或许你身边的某位同学就是。为什么会这样，因为现在的家庭结构以一家三口为主，大部分的孩子从小生活在衣来伸手、饭来张口的富足环境中，他们受到长辈们过多的呵护，娇生惯养，甚至上中学了还不会洗衣服，家务活一点都不帮妈妈做。他们遇到任何事都认为别人应该让着自己，却很少设身处地站在别人的角度去考虑问题，很少去关心别人到底怎么样。他们虽然集万千宠爱于一身，却舍不得对别人付出一点点爱。相关调查显示，相当数量的独生子女染上了自私、懒惰、任性、缺乏责任感和不会关心他人的毛病。

我们的爱心，在父母的溺爱和我们的懵懂中被渐渐淡忘了。于是我们成了不会爱的人，现在不会爱父母，不会爱老师同学，将来不知道如何去爱同事、朋友甚至是恋人。不是有很多的年轻人被称为"爱无能"吗？他们一次次碰壁，一次次与恋人分手，一次次纠结在感情的漩涡里。

会爱也是一种能力，懂得如何爱别人，才能得到别人的爱。拥有爱，我们才能感受到人间温暖，生活的美满祥和。"爱无能"是可悲的。

锻炼爱的能力，就从生活的小事开始吧：好吃的，跟父母一起分享；好玩的，跟朋友一起分享；在家里，主动做家务，帮父母减轻负担；在外面，帮助左邻右舍干些力所能及的事；爱惜小动物，珍惜周围的一草一木……爱的能力就逐渐培养起来了。

有爱的能力，我们还要学会被爱的能力。虽然说你爱别人，别人也会爱你，可是生活中我们还是会发现，有一些人，他们不讨喜，即便他也爱别人，别人不一定会爱他，有可能还会远离他。就像有些人抱怨的那样，我付出了那么多为什么没有回报？其实，被爱也是一种能力。

积极心理学创始人马丁·塞里格曼在他的畅销书《真正的幸福》中曾写到这样一段经历：

多年前，他有幸和桥牌大师鲍比·尼尔同队竞技。那时，这位桥牌风云人物已经因为慢性骨病而严重残疾，任何行动都需要协助。就是这样，他还是很有风采。因为塞里格曼发现，当他几乎是被人抱着进出汽车和房间的时候，他所表现出的是对别人帮助的欣然接纳和深沉的感激，你丝毫感受不到他因为寻求他人帮助而自卑，反而这种帮助让你感到自己神圣而高大。所以，这次经历让塞里格曼印象深刻的并非大师的技艺或残障，而是他的另一种魅力，那是一种被爱的能力。与爱一样，被爱同样是一种能力，但是我们常常只关注了前者而忽略了后者。

是的，我们常常忽略或者压根不知道被爱也是一种能力。

被爱常常意味着我们在别人眼中具备价值或吸引力，你有没有价值，取决于你自身所具备的品质和本领，以及你对自己的自我认同。品质和本领我们都可以培养和锻炼，但自我价值感就没那么容易得到了。一个缺少自我价值感的人，很难真正地感受到被别人爱和眷恋，因为他们常常处在焦虑和担心之中，对他人不信任，常常怀疑对方会离开，或者别人是不是真的爱他。而最后，这些人往往因为过于强烈的占有欲和控制欲把对方吓跑。

被爱的能力，首先来自于对自我价值的认可，相信我们值得被爱，其次是对爱我们的人充满欣赏和感激。善于欣赏和赞美的人能够更多地得到别人的爱，因为你的积极反馈将提升对方的自尊心和自我价值感。这样才能像鲍比·尼尔那样焕发出异样的光彩，哪怕病了、老了，都不影响被爱。

还有一些人，错误地认为"爱"是一种主动的付出，很辛苦，而"被爱"就可以安心地坐享其成。被爱的确是一种美好的感受，但如果不做任何主观努力，任由爱的关系自然发展，任何关系都无法长久。每一种爱都需要回应，就像默契的双人舞。在爱中能否积极回应，也决定着你是否会爱和被爱。

有人说，人生最重要的三种东西是爱、信任、梦想。爱排在第一，足见它的重要性。爱是人生的一门功课，需要我们一生去学习、练习和感悟。从小开始，早一天接触，就能早一天收获幸福。

▓▓▓ 成长睿语 ▓▓▓

精神病学家卡尔·梅宁格说过："爱能拯救人——无论是施与爱的人还是得到爱的人。"是的，爱很奇妙，也很神奇，有时简直就是灵丹妙药。爱能治愈感情的伤，爱能抚平心灵的痛，爱能让你的人生快乐幸福。而拥有爱和被爱的能力，我们才能达到一种境界，才能在纷杂的俗世里获得救赎。